¿Cómo se crea la cultura?

CEOE FUNDACIÓN ORTEGA-MARAÑÓN
COORD. FEDERICO BUYOLO

¿Cómo se crea la cultura?

ALMUZARA

Editorial Almuzara • Filosofía, cultura y sociedad
Editora: Ángeles López
Corrección: Rodrigo Pimentel Siles
Maquetación: Joaquín Treviño

www.editorialalmuzara.com
pedidos@almuzaralibros.com - info@almuzaralibros.com

Editorial Almuzara
Parque Logístico de Córdoba. Ctra. Palma del Río, km 4
C/8, Nave L2, n° 3. 14005 - Córdoba

Imprime: Gráficas La Paz
ISBN: 978-84-10528-77-2
Depósito legal: CO-1128-2025
Hecho e impreso en España - *Made and printed in Spain*

Índice

Prólogo

La cultura es mucho más que una expresión creativa; es una de las principales fuentes de riqueza de nuestra sociedad. En España, el sector cultural representa un 3,2 % del PIB y desempeña un papel estratégico en la generación de empleo, la cohesión social, el desarrollo territorial y el fortalecimiento de nuestra identidad colectiva. La cultura es el ADN de nuestro país, como dijo José Martí: «un pueblo sin cultura es un pueblo que no tiene alma».

El verdadero potencial de la cultura trasciende las cifras y los resultados económicos. La industria cultural es un motor de transformación social y económica que impulsa la innovación, dinamiza el tejido empresarial y proyecta a nuestro país hacia un futuro más inclusivo y sostenible. Al integrar valores como la diversidad, la sostenibilidad y el acceso equitativo, la cultura no solo enriquece nuestra identidad, sino que también fomenta el sentido de pertenencia. En este contexto, resulta imprescindible promover políticas públicas que respalden el desarrollo cultural, incentiven la participación ciudadana, garanticen la inversión y aseguren la preservación del patrimonio material e inmaterial. Esto sentará las bases para un impacto duradero y significativo en todos los niveles de la sociedad.

En CEOE entendemos la cultura como un eje transversal que conecta disciplinas, sectores y territorios. Este enfoque integral ha guiado iniciativas clave como Creando Cultura, un proyecto que refleja nuestro compromiso de transformar la cultura en una industria estratégica para la economía y el bienestar. A través de la colaboración entre el sector público y el privado, trabajamos en áreas como la digitalización, el uso de la IA, la financiación, la fiscalidad, la internacionalización y el impulso a la formación y la protección de la creatividad. Pero también respetando las reglas del mercado y fomentando la competitividad de nuestras empresas. Nuestro objetivo es construir un sector cultural sostenible que actúe como palanca de crecimiento económico y social.

Creando Cultura aborda los grandes retos del sector cultural, como la fragmentación, la falta de redes empresariales y la necesidad de modernizar sus estructuras. También identifica oportunidades en un contexto global cambiante, desde el desarrollo de nuevos mercados gracias a las tecnologías digitales hasta el enorme potencial del español como idioma global y nuestra posición como potencia turística y cultural. Este enfoque estratégico busca consolidar un sector cultural robusto, competitivo y preparado para liderar en el escenario internacional.

El libro que tienes en tus manos comparte este espíritu inspirador y esperanzador. A lo largo de sus capítulos se exploran políticas, propuestas y marcos de trabajo que fortalecen la cultura en todas sus dimensiones. Se abordan cuestiones fundamentales como la generación de relatos culturales que conecten con la sociedad, el diseño de políticas públicas eficaces que garanticen la sostenibilidad del sector y la promoción de la economía circular cultural. Queremos iluminar el valor invisible de la cultura como motor de desarrollo y convivencia, impulsando la educación cultural, la diplomacia y la competitividad. Asimismo, consideramos esencial fomentar la colaboración intersectorial, la co-creación y la innovación compartida, así como aprovechar las oportunidades que brinda la tecnología.

Finalmente, el libro explora las alianzas estratégicas que construyen puentes entre la cultura y otros sectores, promoviendo la internacionalización de las industrias creativas y abordando la sostenibilidad cultural desde un enfoque que equilibre los ámbitos ambiental, económico y social. Reconocemos que la cultura juega un papel clave tanto en la lucha contra el cambio climático como en la construcción de una sociedad más equitativa.

En CEOE creemos firmemente que la cultura es un factor multiplicador del desarrollo económico y social. Fomentar la creatividad y la innovación cultural no solo beneficia a las industrias culturales, sino que también refuerza otros sectores económicos, generando sinergias que contribuyen al crecimiento sostenible de España. Nuestro compromiso con la cultura trasciende cualquier responsabilidad sectorial: impulsar la cultura es apostar por el futuro de nuestro país y de sus ciudadanos.

Con este prólogo, te invitamos a reflexionar sobre la importancia de la cultura como una fuente de riqueza material e inmaterial y como una industria esencial capaz de transformar sociedades y multiplicar su impacto en todos los niveles. Este libro es tanto una hoja de ruta como una llamada a la acción para quienes creemos que la cultura no es un fin en sí misma, sino una herramienta para construir un futuro más innovador, inclusivo y próspero.

Inmaculada Benito
Directora de Turismo, Cultura y Deporte de CEOE

Narrativas que transforman:
El relato más poderoso de la cultura

FEDERICO BUYOLO

Necesitamos relatos para vivir. Los relatos a lo largo de la historia nos han servido para comprender el pasado y para imaginar el futuro. Un relato es más que una narración, es una idea, una visión argumental de los hechos acontecidos o de aquellos sobre los que tenemos que transitar hacía el futuro. En el libro *Sapiens. De animales a dioses* del historiador israelí Yuval Noah Harari se pone de relieve que los grandes avances de la humanidad han venido cuando existía la confluencia de dos cuestiones: la sociedad tenía un objetivo común, es decir, un relato compartido, y como conjunto trabajaban juntos para que este se convirtiera en realidad. De la utopía, ese «no lugar» que nos mostraba Tomas Moro, a la realidad de una sociedad amordazada por la falta de sueños compartidos.

En un momento donde hemos perdido la capacidad de generar nuevos relatos utópicos, nos movemos entre las distopías del presente (pandemia, apagón, guerras cronificadas y nuevos conflictos, autoritarismos…) y la retro utopía donde cualquier tiempo pasado fue mejor, aunque lo cierto es que solamente fue anterior. Vivimos en el miedo más pavoroso entre todos los medios como lo definía H.P. Lovecraft: la incertidumbre. No tener sueños por miedo a la perplejidad del presente nos hurta el futuro. La cultura ha sido una fuente inagotable de generar relatos transformadores que han llevado aparejados, además, la generación de nuevos imaginarios colectivos, transformaciones sociales y fortalecimiento de la economía. Hagamos un poco de historia para entender como la cultura es fuente de generación de relatos para la transformación.

En el año 1910, la productora Biograph Company con el director D.W. Griffith, filma su primera película en Los Ángeles, *In Old California,* un cortometraje de 17 minutos que se erigió como la primera película grabada en el lugar que, unos pocos años más tarde, se convertiría en la meca de la industria del cine: Hollywood. Un pequeño pueblo agrícola de Los Ángeles, en el estado de California, paso de ser un lugar anónimo a ser el centro neurálgico de una de las industrias culturales económica y políticamente más potentes en poco más de tres décadas .

En España, años más tarde, en 1975, la muerte del dictador Francisco Franco abre el proceso para la transición hacia la democracia. En este momento surgen las primeras señales de apertura cultural que se materializan en una eclosión creativa que bebe de todas las tendencias emergentes que estaban arrasando en Europa. Nace así lo que se ha conocido como «La movida madrileña». Un movimiento cultural fruto de una política pública de acompañamiento de las iniciativas culturales de los creadores del momento y de un acompañamiento de la ciudadanía que aplaudió la llegada de la democracia con una cultura de vanguardia.

En Corea del Sur en el año 1992, el grupo *Seo Taiji an Boys* irrumpe en el mercado internacional de la música con una apuesta musical que mezcla rap, pop, rock y estilos orientales generando un nuevo movimiento cultural de transformación. Desde los años 80, Corea del Sur había comenzado su andadura hacía una democracia moderna y vio en la cultura uno de los elementos más importantes para su apertura al mundo, una carta de presentación que suponía el nacimiento de una nueva industria cultural musical el *Korean Popular Music K-pop*.

Con estos tres ejemplos de fenómenos culturales y sociales (aunque existen muchos otros como los movimientos punk en Londres en los años 80 o las series de «culebrones» de Colombia o Túnez) podemos comprobar como desde la cultura se han producido movimientos para la generación de nuevos idearios y relatos que han llevado aparejado la creación y ampliación del tejido que configuran las industrias creativas y culturales. La cultura es más que la expresión de las ideas y lo valores de un momento de la historia a través del arte, es, además, un impulso en la creación de economía y empleo.

Las industrias creativas y culturales comprenden tanto la creación de contenidos creativos como la comercialización de servicios y productos culturales. Una industria que va más allá del entretenimiento para convertirse en una fuente de riqueza económica generadora de empleo cualificado y creadora de cultura.

En muchas ocasiones se encasilla a las industrias culturales en una economía de intangibles bienintencionados cargados de buenos propósitos, sin embargo, siendo esto cierto, las industrias culturales son generadoras de riqueza económica creciente. En Teoría de la Economía Clásica se habla de la «ley de utilidad marginal decreciente». Una teoría que viene a demostrar que cuanto más consumimos un solo bien antes nos saciamos de ese producto. Esta regla se puede aplicar a cualquier bien o servicio, excepto a la cultura. Al contrario del resto de productos, la cultura se comporta de manera inversa, es decir, a mayor consumo de cultura, mayor necesidad de seguir consumiendo cultura. De esta manera, un libro nos lleva a una película, está nos lleva a otra o al teatro o a otra música o a otro libro... El apetito cultural no decrece con el consumo, al contrario, se incrementa.

Vemos como al hablar de cultura, al contrario de lo que podía parecer, hablamos de economía. Una economía que a su vez se convierte en una política de transformación social que acrecienta la calidad de la democracia, la libertad de las personas y la construcción de sociedad abiertas. La cultura es más que una escapada de la realidad, es la base para la construcción de nuevos relatos de transformación social.

Durante la crisis sanitaria mundial pudimos comprobar que, incluso en esos momentos duros de confinamiento, el consumo de cultura se incrementó de manera exponencial, aun cuando no podíamos salir de nuestras casas. Un consumo cultural centrado en el poder esencial que produce la práctica cultural para la mejora del bienestar emocional individual y colectivo. El cierre de la vida social hizo que el sector creativo y cultural transitara hacía la digitalización de manera urgente, una vez más demostrando su dinamismo y su capacidad de adaptación a la realidad social y económica de cada momento. La cultura se consideró bien esencial para la sociedad, no solo por los poderes públicos, sino por la misma sociedad que vio en la cultura y en la creatividad una forma de expresar su esperanza en el futuro. La cultura no es un lujo ni un elemento de entretenimiento, es, ante todo, instrumento esencial de vida.

Esta situación contrasta con la realidad del sector cultural. Si hacemos una radiografía al sector de la cultura en España podemos concluir que hablamos de un ecosistema que genera entorno al 3,5 % PIB (2022), donde trabajan más de 770.000 personas (2024) y donde el 72,1 % (2024) de las personas ocupadas en el sector cultural tienen una titulación de educación superior, para que tengamos una referencia, en la media nacional del resto de sectores esta queda en un 46,4 % (2022), muy por debajo del sector cultural. Una fotografía que está alejada de lo que en tenemos en nuestras mentes cuando pensamos en un trabajador de la cultura.

Es curioso como estos datos chocan con la realidad económica. En el Catálogo Nacional de Ocupaciones, dependiente del Ministerio de Trabajo y Seguridad Social, los trabajadores se encuentran aglutinados en solo cuatro tipos de ocupación. Sólo cuatro categorías de oficios culturales más un cajón de sastre de aquellos inclasificables, aunque en realidad se podría resumir en una solamente, ya que más del 50 % está en un solo epígrafe denominado; «Profesionales y técnicos del mundo artístico y cultural». Efectivamente, si no conocemos a que se dedican los trabajadores culturales no podremos poner en valor su labor profesional y mucho menos el impacto cultural y social de su acción.

Si, además, analizamos el tejido empresarial actual nos damos cuenta de que los datos de empresas tampoco son alentadores. En 2023 el Directorio Central de Empresa (DIRCE) recogía que el 71,3 % de las empresas culturales no contaban con personas asalariadas. Es decir, un sector altamente atomizado y unipersonal que hace complejo la creación de proyectos empresariales ligados a la creación cultural. No es necesario hacer un gran análisis para concluir que sin un sector empresarial fuerte la cultura se quedará como algo residual en el sistema económico.

A la invisibilidad de la labor de los trabajadores y trabajadoras culturales y la falta de tejido empresarial fuerte se le une la inexistencia de un sistema económico propio para el sector cultural. Hablamos del sistema financiero de las *startups o* de las ayudas estratégicas a la industria automovilística, o al PERTE (Proyectos Estratégicos para recuperación y la Transformación Económica) de los chips, la economía verde, del sector agroalimentario y hasta del hidrógeno verde, sin embargo, no hablamos de un sistema financiero para el sector de la cultura que actualmente genera más economía que el sector primario. Las ayudas, mecenazgos, subvenciones y demás instrumentos de financiación cultural no configuran un sistema propio que haga que los creadores y las empresas culturales y creativas tengan los recursos necesarios para crear industria y economía. Es difícil comprender que cuando disponemos de un sector que genera, al cabo del año, más de 31.700 millones de euros (2022) no solo sea tenido en cuenta como un sector estratégico, sino que, además, tenga que escuchar permanentemente por parte de la sociedad y por buena parte de los representantes públicos, que «la cultura está subvencionada, o que son gente que viven del Estado».

Volvamos al inicio. Necesitamos que desde la cultura sigamos creando relatos transformadores, pero esto no se puede producir sin creadores, sin industrias y sin recursos económicos. La cultura genera sociedad y economía, creaciones intangibles que alimentan nuestra capacidad de soñar y tangibles que nos dan los instrumentos para actuar.

Si tratamos la cultura como punto de fuga de los avatares de una vida de estrés y conflicto, es decir, la cultura como escape o como puro entretenimiento, estamos perdiendo el poder de la cultura como instrumento de transformación social. El relato que define el sector cultura hoy está lleno de contradicciones. El valor de la cultura frente a la precariedad de los creadores culturales. Los trabajadores culturales y las industrias creativas y culturales son esenciales en la sociedad, sin embargo, las invisibilizamos y denostamos aun cuando nos emocionan y nos hacen sentir una vida que solo descubrimos cuando la luz se apaga y recuperamos el valor de vivir. Aun cuando pensamos que todo parece perdido, siempre hay un relato que puede transformarlo todo, de eso va la cultura.

La mascara de la cultura

FERNANDO RODRÍGUEZ LAFUENTE

El debate sobre el curso de la cultura enciende la llama de la polémica y procura fijar un territorio que se desvanece y se desborda en los tiempos presentes. Dos posiciones, por resumir, se deshacen en la contienda. Por un lado, la visión tradicional de acotar el espacio cultural a las artes y las letras, postulado que, desde la Edad Media, ha permanecido inmutable con algunas decisivas incorporaciones a lo largo de los siglos y que hoy se ve amenazada; por otro, una visión surgida en la segunda mitad de la centuria anterior que extiende la idea de cultura a la antropología y que colocaría el hecho cultural como la suma de múltiples actividades de una sociedad determinada, de modo que la nómina de lo genuinamente cultural se ampliaría hasta el contorno de todo el territorio.

Vendría a ser muy semejante al viejo cuento de Borges en que el monarca le pide al cartógrafo real un mapa del reino, que este dibuja y presenta. Pero como al rey le parece insuficiente, debe ampliar la escala una y otra vez, sin que el monarca se dé nunca por satisfecho. Así, de ampliación en ampliación, el mapa llegó a ser tan extenso como el territorio. Si todo es cultura, ha llegado la hora de redefinir y perfilar los contornos de la cultura.

Para el historiador Orlando Figes:

«Una cultura no está formada solo por obras de arte o discursos literarios, sino por códigos no escritos, señales y símbolos, rituales y gestos y actitudes comunes que fijan el sentido público de aquellas obras y organizan la vida interior de una sociedad»,

y de esta manera completa el círculo con las actitudes ante la muerte, las formas de matrimonio, las reacciones ante el paisaje, la gastronomía, los usos sociales, manifestaciones de la conciencia social que están relacionadas con la política y la ideología, con las costumbres, el folclore y la religión, y que él define como los «hilos invisibles» que constituyen una cultura y una forma de vida.

A ello se une una cuestión lateral pero de considerables consecuencias: el valor. ¿Quién decide hoy qué es y qué no es cultura? Más aún, otra extendida premisa es que no cabe hablar de valores superiores o inferiores:

«Un par de botas de diseño vale tanto como la obra completa de Shakespeare»,

sería la ocurrencia que ya Alain Finkielkraut señalara como ejemplo de nuevo lugar común en la década de los años ochenta del siglo pasado. En el fondo del asunto latía el paulatino ascenso del relativismo cultural, animado por los *cultural studies* que provocaran el lógico rechazo que George Steiner plasmara en su libro *Presencias reales* ante el desmoronamiento del canon (y que motivó también la reacción de Harold Bloom en

El canon occidental). La deconstrucción, los juegos postmodernos y la irrupción de millones de personas en el otrora distinguido club de la cultura han propiciado la innegable perturbación que se ha introducido en el debate.

Como recuerda Zygmunt Baumann:

«Al fin y al cabo, la cultura entró en nuestro vocabulario con el significado […] de antónimo de naturaleza, señalando aquellos rasgos humanos que, en nítido contraste con los pertinaces hechos naturales, son productos, sedimentos o efectos colaterales de las elecciones humanas. Hechos por el hombre pueden en principio ser deshechos por él».

Si la cultura es memoria, la clave de la memoria es el olvido. Lo apunta, no sin cierta ironía melancólica, Umberto Eco:

«Lo que llamamos cultura es, en realidad, un largo proceso de selección y filtro. Colecciones enteras de libros, de cuadros, de películas, de cómics, de objetos de arte han sido confinadas, han desaparecido o se han perdido por simple negligencia. ¿Eran lo mejor del inmenso legado de los siglos anteriores? ¿Eran lo peor? En el campo de la creación, ¿hemos recogido pepitas de oro o lodo? Aún leemos a Eurípides, a Sófocles, a Esquilo y los consideramos los tres grandes poetas trágicos de la Grecia antigua. Ahora bien, cuando Aristóteles en su *Poética*, dedicada a la tragedia, cita los nombres de sus representantes más ilustres, no los menciona. Lo que hemos perdido, ¿era mejor, era más representativo del teatro griego que lo que hemos conservado? En este punto, ¿quién nos quitará la duda?».

LA TRANSFORMACIÓN CULTURAL

La cosa viene de lejos, y lejos está también de solucionarse. Es uno de los temas de nuestro tiempo. La cultura, un concepto hoy expuesto a revisión constante, conoce en estas primeras décadas del siglo XXI una profunda mutación. Alessandro Baricco ha denominado el fenómeno «el arte del *surfing*» y lo define, como se comentó al hilo de la publicación de su libro *Los bárbaros. Ensayos sobre la mutación*, en términos de saqueo o vaciado de sentido de lo que tradicionalmente se consideró sagrado.

Entre las características de esta mutación cultural, los comentaristas destacaban una mayor agilidad en la creación y en la fruición; una rápida erosión de las barreras (lo que conlleva una democratización del acceso a la creación y a la opinión, del disfrute de los bienes culturales por parte de públicos masivos y, por tanto, una lenta desaparición de los *mandarinatos*); un rechazo consciente de la profundidad; una continua rapidez y movimiento en la superficie (de ahí lo del *surfing*); el rechazo del pasado y la sustitución de la verticalidad por la horizontalidad que destruye las fronteras que alguna vez separaron los conceptos de alta y baja cultura.

Actores principales de todo ello serían Internet, las redes sociales, los blogs, responsables de una revolución, señala Baricco, comparable a la de Gutenberg. La organización jerárquica del saber ha desaparecido y el lector, el espectador, disponen de un poder de decisión hasta ahora desconocido. Ya a mediados del siglo xx, el escritor austríaco Heimito von Doderer escribía: «Cuanto más superfluo es lo que se publica, mayor es el interés por leerlo de inmediato».

El ya antiguo debate entre apocalípticos e integrados no tiene sentido; las denominadas alta cultura y cultura popular se han mezclado, congeniado, entreverado, confundido, ofuscado. Porque ya no existe la línea clara, rotunda que las separaba. Porque tanto la cultura de masas como la alta cultura dependen de los mercados. Aun cuando en principio vayan dirigidas a públicos distintos y distantes. Las complejidades se multiplican y se proyectan en una sociedad abierta donde lo que se busca es el éxito, el triunfo, lo más rápido posible.

En medio del dramático accidente de un avión de *Spanair* ocurrido en agosto de 2008 en las pistas del aeropuerto de Barajas, un niño que había sobrevivido, ya en los brazos de su padre, preguntaba ingenuo y asustado, junto al aparato en llamas, en medio de los gritos y la desesperación: «Papá, ¿cuándo termina la película?». Valga esa reacción ante un hecho real espeluznante como ejemplo de cómo se ha construido un imaginario en el que la realidad se confunde con lo virtual. Todo es un juego, todo es efímero, todo pasa en un soplo; además, como en Matrix, como en *Total recall*, todo es ficción, virtualidad. Una realidad virtual que requiere espectáculo, diversión, entretenimiento. Todo tiene que ser rápido, divertido, efímero, ocurrente, escandaloso. Un espectáculo sin fin, un circo global. Pero cultura es un término que viene de «cultivo», de cultivar una formación, una vida, unos placeres y unos momentos, mejor si son lentos y silenciosos, interiores.

El problema no es que se haya democratizado la cultura, hecho elogiable y deseable; el problema es que, por lo que apunta en el horizonte, lo que se ha democratizado es lo vulgar, lo más fácil, sin que por otra parte haya aparecido un nuevo filtro que sustituya a la antigua *auctoritas*; de este modo, la cultura se presenta como un inmenso cartel publicitario (aunque habría que ver si alguna vez fue otra cosa).

LA INCÓGNITA DEL FILTRO CULTURAL

Los mandarines (Historia del bosque de los letrados) es una soberbia novela de sátira literaria escrita por Wu Jingzi (1701-1754). Laureano Ramírez, realizó en 1991 una espléndida traducción y edición anotada, publicada en Seix Barral, en la que recuerda cómo este novelón es «el primero que da al género una dimensión social al dirigir su ataque no contra un individuo o familia, sino contra la estirpe de los letrados». Lo curioso es que, aun cuando el libro se escribiera en la China del siglo XVIII, las descripciones de los tipos que circulan por sus páginas son de una actualidad y cercanía apabullantes.

Los mandarines creaban la opinión, fijaban la creación, actuaban como emisarios y guardianes del emperador en los asuntos referentes a las letras, el más alto honor en la China imperial. Occidente asignó parte de sus funciones a la figura del intelectual, del crítico, del «mandarín» mediático, pero hoy doscientos años de mandarinato dicen adiós, anuncian su ocaso. Cada cambio de siglo acelera la descomposición de un modelo y la irrupción de otro. Lo ha contado, ejemplarmente, Philip Bloom en su imprescindible *Años de vértigo*. Las dos primeras décadas del siglo XX determinaron lo que vendría después: la velocidad, el vértigo, el cine, el aeroplano, los coches utilitarios, la radio, la metrópolis (Fritz Lang), los grandes rascacielos arrasaban el esplendor lento y la exquisitez de la decadencia (*La montaña mágica* de Mann).

Hoy, nadie cree que no vaya a ocurrir lo mismo. Los nuevos usos culturales superan, e ignoran, la barrera sagrada del mandarín. Los espectadores, los lectores, deciden por sí solos. Parecería como si la geografía cultural se hubiera abierto hasta tal límite que rasga sin remisión la gran muralla de los mediadores. Esta es una de las claves más relevantes. Internet, el 2.0, las pantallas, el teléfono móvil con múltiples aplicaciones, y todo lo que vendrá, cambiarán, están cambiando ya, los espacios y las expresiones, las retóricas y los usos, y, por tanto, las manifestaciones culturales, igual que a finales del siglo XV ocurriera con la imprenta.

Los nuevos territorios interdisciplinares, como han escrito Néstor García Canclini (*Culturas híbridas*), Jean-Pierre Warnier (*La mundialización de la cultura*) o George Yúdice (*El recurso de la cultura: usos de la cultura en la era global*); la interacción de las artes; los movimientos sociales que surgen en los nuevos ámbitos de la comunicación; la abolición virtual de las fronteras y el intercambio que trasciende los géneros conforman ya el nuevo imaginario de la cultura en estos años decisivos de comienzos del siglo XXI.

¿Qué saldrá de ello? ¿Quién lo sabe? Lo único cierto es que todo apunta al desmoronamiento de un edificio cuajado de normas, cánones, convenciones, modelos, tipologías. Se aspiró a la más absoluta —y legítima, por cierto— libertad de creación, sin adjetivos, ni mandarines, y lo que ahora se presenta a algunos les causa pavor. Siempre que una puerta se cierra, se abre otra. Lo que ocurre es que ahora parece que se abran todas.

Con las limitadísimas excepciones que cada uno quiera señalar, la literatura, agotada en la experimentación de un callejón sin salida, superada la broma postmoderna, se consume en la imitación patética de modelos decimonónicos, incapaz de dar cuenta cabal de una realidad nueva, compleja y abierta; el arte, ebrio de las vanguardias (Gabriel Josipovici, *¿Qué fue de la modernidad?*), deambula ciego, como Tiresias, y hasta el creador más provocativo busca la subvención pública; la música que llaman contemporánea, aislada y ensimismada en una burbuja susurrante, apenas da muestras de su existencia; el cine, embobado por los efectos especiales, la espectacularidad y los relatos infantiloides añora los tiempos de oro, la Arcadia que no volverá. Y, sin embargo, algunos, anónimos e invisibles hoy, ya trabajan en la que será la obra de arte, literaria, cinematográfica que defina este siglo. Sí, «es muy difícil ser contemporáneos de nuestro presente» (Paolo Fabbri), porque no todos habitamos el mismo. Cualquier concepto de cultura es siempre contemporáneo. Describe y muestra los modelos, las intenciones, las obsesiones, las lecturas y las visiones, las pesadillas y los sueños de ese presente, da cuenta de él.

La cultura, hoy, dice adiós a la idea romántica y moderna de unos mandarines que se extinguen porque se extingue el mundo que los creó, se cierne en una búsqueda basada en la decisión personal.

Espectacularidad e individualidad componen la ecuación imposible de la cultura en estos días tormentosos e indecisos.

¿Desaparecerán los mandarines, desaparecerá el inevitable filtro que otorga valor y prestigio? He aquí la gran pregunta. Y una posible respuesta: ese filtro es eterno, desde las primeras piedras de la Acrópolis, desde el discurso de Atenea en la colina del Areópago, al final de *La Orestiada*, el sentido y sensibilidad de una creación artística tendrán siempre su juez y su destino.

A mayor auge de la cultura del espectáculo o del espectáculo de la cultura (Vargas Llosa), mayor será la respuesta individual, alejada de cánones y medios. Advertía Umberto Eco que, en estos días, alguien que se respete a sí mismo tiene la dignidad suficiente como para no salir nunca en televisión, porque la televisión tizna; pero, al mismo tiempo, si esto no lo dice en un programa de televisión, no existe.

¿Será capaz la cultura de ser contemporánea de su condenadamente complejo presente? Parecería que es ahora cuando el gran teatro de la cultura contemporánea, de tan abierto, permanece más cerrado. Pero esto es solo un espejismo, un último anhelo, un susurro de los viejos mandarines ante su wagneriano ocaso.

Las máscaras de la cultura se exhiben en el museo invisible de la memoria. Ahí permanecen como reflejo de un tiempo y unos anhelos idos. Innumerables son los gestos y las expresiones de tales máscaras, sus muecas y sus perfiles: ahora que todo es ahora, y el pasado se crea con cada nueva generación, y el futuro no existe, la cultura se cubre de nuevo con una de sus siempre renacientes máscaras.

Solo queda un aviso, un deseo, y es que, sea cual sea el curso que tome, no le ocurra como al poeta que describe Fernando Pessoa, aquel que, de tanto ponerse la máscara, cuando deseó quitársela, con ella se arrancó la cara.

Ecografías de las artes visuales en España

Sara Zaldívar

Las industrias creativas, que engloban una amplia gama de actividades económicas basadas en la creatividad, la innovación y el talento, tienen un papel fundamental en el desarrollo económico y cultural. Dentro de este sector, las artes visuales han experimentado un crecimiento significativo en las últimas décadas, bien es cierto, que, pese a nuestra relevancia histórica en este sector con maestros reconocidos internacionalmente, partíamos en el s. XXI de un lugar post dictadura con un amplio margen de mejora.

Las industrias creativas han sido reconocidas en los últimos años, como un motor clave para las economías mundiales. En concreto en España, según datos del Ministerio de Cultura y Deporte, el sector cultural en España representa aproximadamente el 2.2 % del Producto Interior Bruto (PIB) generando 21.201 millones de euros y empleando a más de 700.000 personas (datos del anuario del Ministerio de Cultura referidos a 2022).

Sin embargo, estos datos enmascaran una precariedad laboral donde los trabajadores de las 115.000

empresas del sector el 71 % son empresas unipersonales y a menudo conviven con situaciones económicas y laborales inestables e ingresos irregulares (Fuente Anuario del Ministerio de Cultura 2023). Esta realidad subraya la necesidad de políticas públicas que promuevan condiciones laborales más estables y reconozcan adecuadamente la contribución del ecosistema de las artes visuales al patrimonio cultural, así como una fiscalidad que les permita tributar por plazos de producción o trianualmente, con una cuota de autónomos adaptada a esta realidad, puesto que es una obviedad que los ingresos son variables y discontinuos.

Sin embargo, los gobiernos de España, de ningún sesgo, no corrigen esta regulación, pese a que ha sido incluso solicitado por la Unesco desde 1980 y por el famoso y eterno Estatuto del Artista.

Se trata de un sector en el que el 70 % posee formación superior y, sin embargo, los salarios están por debajo de la media nacional. Y es que la pasión nos puede, y muchas veces los que participamos de esta industria, preferimos que el proyecto se desarrolle sin unas expectativas económicas proporcionales al trabajo que implica, a que no se realice. El clásico «por amor al arte» nos impide una evolución correcta de la profesionalización del sector y de la dignidad laboral.

Aún así, en 2024, el empleo en el sector cultural español experimentó un crecimiento del 6,6 % respecto al año anterior, alcanzando un total de 771.000 personas empleadas. Esta cifra no solo supera en un 8,6 % los niveles previos a la pandemia de 2019, sino que también refleja una recuperación constante desde la caída del

6 % sufrida en 2020 debido a la crisis sanitaria. Además, se observó una mejora en la calidad del empleo, con un aumento del 19 % en los contratos indefinidos y una reducción del 9,1 % en los temporales.

Sin embargo, los retos que plantea nuestra industria del arte no son pocos, aunque sí son realizables.

Uno de los principales retos es la flagrante desigualdad que existe en puestos de dirección, porque pese a ser más del 95 % de los estudiantes de gestión cultural mujeres, tan solo cubren un 2 % de los puestos directivos.

Otro de los temas más importantes a solventar, son las enormes carencias de profesionalización del sector, con una ausencia de formación empresarial llamativa si nos comparamos con otros países con economías culturales potentes. Las universidades y escuelas de arte suelen enfocarse en la formación técnica y conceptual de los artistas, y lo hacen increíblemente bien, puesto que contamos con una de las formaciones en Bellas Artes mejores de Europa, pero raramente incluyen formación en gestión cultural, marketing, derecho del arte o estrategias de sostenibilidad financiera. Esto deja a los creadores con grandes dificultades para autogestionarse y vivir de su obra, dependiendo en muchos casos de intermediarios o de trabajos paralelos.

La profesionalización también es fundamental en la toma de decisiones desde las instituciones públicas, por ejemplo, en las intervenciones artísticas en la ciudad, siendo casi vital poder replicar el modelo estadounidense donde son expertos en la materia: urbanistas, arquitectos, galeristas, artistas y gestores culturales los que consensuan dichas actuaciones. Y es que el arte público ha sido reconocido desde mediados del siglo xx como un poderoso motor de transformación y revitalización de los entornos urbanos, sin embargo, a pesar de su amplia utilización y reconocimiento, existe una notable carencia de proyectarlas bajo unos criterios establecidos, así como una carencia de herramientas de medición estandarizadas que permitan evaluar de manera precisa su impacto y eficacia en las comunidades urbanas. Es por ello que la ausencia de criterios comunes para definir qué es arte público, proyectarlo y evaluarlo dificulta aún más su integración efectiva en el tejido urbano.

La intervención artística en el espacio público, entendida como toda actuación artística que pueda disfrutar el ciudadano (exposiciones en museos, ferias, intervenciones artísticas en el entorno urbano…) permite activar cambios en las dinámicas sociales de un barrio entero, favoreciendo hábitos colectivos y de interacción social que enriquecen la forma de vida de las personas.

La ciudad, como espacio físico y simbólico de la sociedad urbana, se convierte en un referente para los artistas comprometidos con una reflexión crítica de su

presente. La práctica artística trabaja en comunicación recíproca con la sociedad en la que surge y, en el caso de muchas de las intervenciones artísticas que actualmente están transformando nuestros paisajes urbanos, esta reflexividad se ha vuelto constitutiva e identificadora.

Todo parece indicar que la tendencia hacia una metodología o definición de modelos de apreciación artística en el espacio público de la ciudad debe evolucionar hacia la implantación de un concepto de arte crítico de intermediación social, capaz de adaptarse, de integrarse, de reivindicar, de participar de la constante transformación que tiene lugar en las ciudades contemporáneas.

Otra de las necesidades es poder desarrollar una herramienta de evaluación de dichas intervenciones. He planteado ya la posible aplicación de la *Taxonomía de Bloom* al arte, a través de la cual se pueda valorar los distintos niveles de apreciación del ciudadano.

Se trataría de identificar un modelo cualitativo que pudiera aplicarse a la apreciación artística, puesto que opera en la asimilación social de la obra de arte público urbano para su activación dentro de la ciudad.

Una estrategia basada partir de la comprensión, la aplicación, el análisis, la síntesis y finalmente, la evaluación de la obra, tal y como determina la Taxonomía de Bloom en sus diferentes fases de complejidad y superación cognitiva.

Desde mi perspectiva, la Taxonomía de Bloom se puede convertir en un marco referencial para la evaluación del nivel cognitivo adquirido en el análisis del éxito del espacio público, adquiriendo nuevas habilidades y conocimientos.

Otro de los desafíos a los que nos encontramos es, la falta de un mercado del arte fuerte. Solo unos pocos artistas logran vivir exclusivamente de su obra. ¿Y por qué les cuesta más a los artistas españoles vivir de su trabajo que por ejemplo a sus homólogos franceses o alemanes? Existen algunas causas indiscutibles: La escasa promoción de artistas nacionales por parte de las instituciones públicas en el extranjero, provocando que no sean reconocidos internacionalmente. Los pocos artistas que tienen un nombre en el exterior lo consiguen con enormes esfuerzos propios y de sus galerías.

Además, la fiscalidad española no favorece el mercado del arte. Del lado del comprador de arte, en España nos enfrentamos a un IVA del 21 % frente al 6 % de otros países europeos, consigue una competencia desleal con nuestro país, puesto que, ¿por qué no comprar una obra del mismo artista en una galería, por ejemplo, francesa e importar la obra? Siendo esto perfectamente legal, pone a nuestras galerías en una posición de desventaja competitiva.

Asimismo, la falta de incentivos fiscales para el mecenazgo limita la inversión privada en arte. En EE. UU., las desgravaciones fiscales han fomentado una cultura de apoyo al arte en la que empresarios respaldan proyectos no solo por convicción estética, sino también por beneficios económicos y posicionamiento social.

Esa concienciación sobre el valor del arte, de nuestro arte, no se constriñe solo a las instituciones, el problema comienza mucho antes, en la educación infantil. La educación artística en los niveles básicos de enseñanza sigue siendo limitada, y muchas veces el arte es percibido más como una afición que como una profesión legítima. Es necesario que desde temprana edad los niños estén expuestos al arte, para apreciarlo y comprenderlo y para que les genere interés en su vida adulta. Visitas a museos, galerías, encuentros con artistas y por supuesto un profundo conocimiento de la historia del Arte. Además, hay estudios que afirman que el contacto con el arte de la población consigue mejoras a nivel social. Lanier (1966) señala como elementos que condicionan la contemplación de las imágenes, importantes en la educación: una base cultural de discente, la capacidad de análisis de la estructura formal, la capacidad de análisis de la simbología, la capacidad de situarlo en un contexto histórico y la capacidad de juicio del ciudadano.

El arte puede convertirse en una herramienta potente de regeneración, una herramienta catalizadora del impacto económico en la revalorización del suelo si se sigue un procedimiento de elección correcto y profesionalizado.

Desde el punto de vista de la iniciativa pública, en Europa y más concretamente en España no existe una estructura gubernamental que se encargue de crear o regular un proyecto a largo plazo de arte público contemporáneo en las ciudades. El artículo 68.1 de la Ley 16/1985, de 25 de junio, del Patrimonio Histórico Español establece que en el presupuesto de cada obra pública, financiada total o parcialmente por el Estado, se incluirá una partida equivalente, al menos, al 1 % de los fondos que sean de aportación estatal, con destino a financiar trabajos de conservación o enriquecimiento del patrimonio histórico español o de fomento de la creatividad artística, con preferencia en la propia obra o en su inmediato entorno.

La última actualización de dicho artículo fue promovida por el Ministerio de Fomento, la Orden de 30 de diciembre de 2019, mediante su publicación en el Boletín Oficial del Estado el 16 de enero de 2020, las ayudas para financiar trabajos de conservación o enriqueci-miento de bienes inmuebles del Patrimonio Histórico Español, dentro del programa «1,5 % Cultural».

Sin embargo, esta subida no ha resultado un incre-mento de las intervenciones artísticas públicas per-manentes ni efímeras en España. Esto es debido al inmenso patrimonio histórico de España casi la totali-dad se destina a conservación de Patrimonio Cultural arquitectónico.

Por el contrario, es significativo detenerse en el ejem-plo del denominado *Chicago City Council*, que aprobó en 1978 el *Percent for Art Ordinance*, por el que se estipulaba que el 1,33 % del coste de construcción o renovación de edificios municipales y espacios públicos habrían de ser empleado en la compra de una obra de arte para di-cho proyecto. También estipulaba que al menos la mi-tad de esas obras de arte habrían de pertenecer a ar-tistas locales, con el fin de apoyar el mercado local. En 1978, Chicago fue pionera en legislar la incorporación de por tanto denuncia la incapacidad del proyecto ur-bano de entender los espacios vacíos.

Este último concepto, se enlazaría muy bien con una promoción del turismo cultural. El 19,3 % de los turis-tas internacionales que visitaron España lo hicieron por motivos culturales. El arte puede jugar un papel funda-mental en la atracción de visitantes, pero es el propio país el que ha de mostrarse al mundo fomentando ese atractivo. El turismo cultural suele ser de un nivel socio económico mayor, aportando siempre más beneficios al lugar que el conocido como turismo de playa. Nuestras grandes ciudades como Madrid, Málaga, Bilbao o

Barcelona ya cuentan con este tipo de visitante pero se deben establecer políticas de promoción de otros lugares del España para frenar la descentralización.

Si bien es cierto que, no todo son malas noticias, también hay destellos que nos hacen percibir que existe un fortalecimiento de la economía creativa. Las colaboraciones entre el sector artístico y otras industrias, como la moda, el cine y la publicidad, están generando nuevas oportunidades de empleo y crecimiento. Así mismo, se percibe un interés en las nuevas generaciones que si están comprando arte de sus contemporáneos, siendo esto la base de un buen coleccionismo a futuro. Del mismo modo, hay estudios que afirman que la inclusión de arte en la ciudad puede actuar como catalizador de la mejora de la zona, al generarse más visitantes, lo cual incrementa los negocios locales, mejorando la zona y por tanto el precio del suelo. Es por ello que en muchas promociones inmobiliarias actuales se comienza ya a incluir piezas de arte como reclamo y posicionamiento.

Con el fortalecimiento de políticas culturales y una mayor valoración del arte en la sociedad, España puede consolidarse como un referente en la escena artística global.

¿Cómo se fortalece el sector de las industrias creativas y culturales?

Más allá de las subvenciones: políticas de apoyo y financiación para la cultura

FÉLIX PLAZA

INTRODUCCIÓN

La idea de que es necesario proteger y fomentar la cultura no parece que deba ser objeto de discusión.

La cultura es intrínseca a la naturaleza humana. Es imposible desligar la evolución del hombre de la cultura, de la misma manera que es imposible concebir el futuro de la humanidad sin ella.

Como de una manera muy explícita señala José María Carabante1, «la cultura, la auténtica cultura, es también el camino más próximo del que disponemos para reconstruir lo humano. Sin ella, caeríamos una vez más, en la barbarie».

Por ello, la cultura constituye uno de los campos de especial atención por parte del sector público, a fin de tratar de garantizar el derecho de todos los ciudadanos a acceder a ella.

Pero, no sólo es necesario garantizar el acceso de todos los ciudadanos a la cultura, sino también el fomentar la creación cultural y la protección del patrimonio cultural.

El actual sistema de financiación de la cultura se ha articulado fundamentalmente a través de la concesión de subvenciones para determinados proyectos culturales o para el sostenimiento del patrimonio cultural, que difícilmente pueden cubrir las necesidades reales del sector, y de los incentivos fiscales contenidos básicamente en la Ley 49/2002, de 23 de diciembre, de régimen fiscal de las entidades sin fines lucrativos y de los incentivos fiscales al mecenazgo (en adelante, Ley de Mecenazgo).

Es en este último ámbito, el de los incentivos fiscales destinados a favorecer la participación privada en actividades de interés general, en el que vamos a exponer una serie de ideas dirigidas a favorecer una financiación más estable y menos dependiente de las subvenciones directas para el sector de la cultura.

Pero ¿qué hay que entender por cultura a los efectos de lo que vamos a analizar en este capítulo?

La noción de cultura es demasiado amplia y omnicomprensiva. Si acudimos al diccionario de la lengua de la Real Academia Española, cultura, en la segunda acepción del término, sería el «Conjunto de conocimientos que permite a alguien desarrollar su juicio crítico». En esta acepción, por tanto, cultura sería sinónimo de educación o formación. Una definición un tanto tangencial a lo que queremos abordar.

En su tercer significado, el diccionario de la lengua de la Real Academia Española identifica cultura con el «conjunto de modos de vida y costumbres, conocimientos y grado de desarrollo artístico, científico, industrial, en una época, grupo social, etc.».

Tampoco esta acepción se aproxima de una manera precisa al concepto de cultura al que nos referiremos.

La Declaración de México sobre las Políticas Culturales de la UNESCO de 1982, define la cultura como «el conjunto de los rasgos distintivos, espirituales y materiales, intelectuales y afectivos que caracterizan a una sociedad o un grupo social», y añade que el patrimonio cultural de un pueblo comprende «las obras de sus artistas, arquitectos, músicos, escritores y sabios, así como las creaciones anónimas, surgidas del alma popular, y el conjunto de valores que dan un sentido a la vida».

En este mismo sentido, el diccionario de la lengua de la Real Academia Española define arte, en su segunda acepción, como una «manifestación de la actividad humana mediante la cual se interpreta lo real o se plasma lo imaginado con recursos plásticos, lingüísticos o sonoros».

Cuando reflexionemos en este capítulo sobre el apoyo y financiación a la cultura lo estaremos haciendo en relación con nuestro patrimonio cultural, sobre esa manifestación de la actividad humana que se plasma en una creación artística.

Es preciso terminar esta breve introducción haciendo referencia a que la protección del derecho al acceso a la cultura se encuentra en nuestra propia Carta Magna.

El artículo 44.1 de la Constitución Española de 1978 establece que: «*Los poderes públicos promoverán y tutelarán el acceso a la cultura, a la que todos tienen derecho*».

Por su parte, el artículo 46 establece que: «*Los poderes públicos garantizarán la conservación y promoverán el enriquecimiento del patrimonio histórico, cultural y artístico de los pueblos de España y de los bienes que lo integran, cualquiera que sea su régimen jurídico y su titularidad. La ley penal sancionará los atentados contra este patrimonio*».

Es importante tener en cuenta que ambos artículos se encuentran comprendidos dentro del Capítulo III, «De los principios rectores de la política social y económica», del Título I, «De los derechos y deberes fundamentales», de la Constitución.

Como señala el profesor Jesús Prieto de Pedro, la ubicación del artículo 44 dentro del Capítulo III de nuestra Carta Magna «lo califica innegablemente como un derecho de prestación (*droit de créance*) que implica una previa acción positiva del Estado, a fin de que los individuos puedan ejercerlo».

En este sentido, la posibilidad de utilizar los tributos como instrumentos de la política económica y de cumplimiento de los principios constitucionales se encuentra recogida en la Ley 58/2003, de 17 de diciembre, General Tributaria, que, en el segundo párrafo de su artículo 2.1, establece que: «*Los tributos, además de ser medios para obtener los recursos necesarios para el sostenimiento de los gastos públicos, podrán servir como instrumentos de la política económica general y atender a la realización de los principios y fines contenidos en la Constitución*».

En resumen, el acceso a la cultura y la protección del patrimonio histórico, cultural y artístico, son derechos consagrados en la constitución; y la posibilidad de utilizar los tributos como herramientas al servicio de la política económica y de la atención de los principios constitucionales se deriva de la propia Ley General Tributaria.

Las ideas que a continuación se expondrán parten de la existencia de este marco normativo habilitante.

POLÍTICAS DE APOYO Y FINANCIACIÓN DE LA CULTURA

Como hemos mencionado en la introducción de este capítulo, tradicionalmente las políticas de apoyo y financiación a la cultura se han vertebrado a través de la concesión de subvenciones directas y a través del establecimiento de un marco de incentivos fiscales específico para la atracción del capital privado en la participación en actividades de interés general.

Este marco de incentivos fiscales para la atracción del capital privado se contiene en la Ley de Mecenazgo, en cuyo preámbulo se pone de manifiesto que «*La finalidad que persigue la Ley es más ambiciosa que la mera regulación de un régimen fiscal propio de las entidades sin fines lucrativos, ya que, como su propio título indica, esta norma viene a establecer también el conjunto de incentivos que son aplicables a la actividad de mecenazgo realizada por particulares*».

El preámbulo de la citada Ley añade dos ideas fundamentales: 1) «Se hace necesaria, por tanto, una Ley como la presente, que ayude a encauzar los esfuerzos privados en actividades de interés general de un modo más eficaz» y 2) «esta Ley, dictada al amparo del artículo 149.1.14.ª de la Constitución y sin perjuicio de los regímenes tributarios forales, tiene una finalidad eminentemente incentivadora de la colaboración particular en la consecución de fines de interés general...».

Conviene tener en cuenta que entre los fines de interés general comprendidos en la Ley de Mecenazgo se encuentran los educativos y culturales.

Sin perjuicio de las diferentes actualizaciones y mejoras que se han ido introduciendo en la norma a lo largo de los años, el paso del tiempo ha puesto de manifiesto dos circunstancias: por un lado, que las medidas de atracción de la participación privada en las actividades de interés general y más en concreto en lo que atañe a la cultura están perdiendo la vis atractiva necesaria y, por otro, que la necesaria canalización del mecenazgo a través de las entidades sin fines lucrativos definidas en la Ley de Mecenazgo deja fuera la posibilidad de incentivar la participación directa del sector privado en el fomento de la cultura al margen del tercer sector.

A lo largo de los años se ha venido produciendo una tensión en los distintos Gobiernos que se han sucedido en nuestra democracia entre la conciencia de que era necesario incrementar los incentivos fiscales para atraer la participación privada en las actividades de interés general y la necesidad de no perjudicar los ingresos públicos a fin de poder acometer partidas de gasto urgentes o esenciales.

Por ello, sin perjuicio de que el sector público nunca ha sido ajeno ni reacio a la idea de tratar de fomentar una mayor participación privada en la financiación de la cultura, el impacto que el incremento de los incentivos fiscales para el fomento de la participación privada puede tener en los Presupuestos Generales del Estado, vía menor recaudación de impuestos, ha alejado una modificación más profunda y ambiciosa de la normativa.

Adicionalmente, el encorsetamiento de la canalización de la participación privada a través de las entidades sin ánimo de lucro contenidas en la Ley de Mecenazgo hace que queden fuera del régimen nuevas formas de mecenazgo y de participación directa en las manifestaciones culturales.

En este contexto, a continuación, apuntaremos algunas ideas sobre las que reflexionar de cara a una eventual modificación del actual sistema de incentivos fiscales a la participación del sector privado en la cultura (entendida ésta como una actividad de interés general), tal y como la hemos definido en la introducción de este capítulo.

Anticipamos que las ideas que a continuación se exponen tratan de tener en cuenta tanto la necesaria sensibilidad presupuestaria, como la necesidad de extender el espectro de actividades cubiertas por el régimen fiscal aplicable a los particulares que participen en la financiación de la cultura.

El artista en el epicentro de la Ley de Mecenazgo

La mayoría de los historiadores sitúan el origen del Mecenazgo en el Renacimiento, en la Florencia de los

Medici, familia de banqueros que empezó a financiar a los artistas más insignes de la época. Aunque se sitúa el origen de todo en Juan de Bicci de Medici, quien llevó el mecenazgo a un terreno superlativo fue, años más tarde, Lorenzo El Magnífico, entre cuyos patrocinados estuvo el mismísimo Miguel Ángel.

Qué duda cabe que los Medici fueron un ejemplo de participación privada en las actividades de interés general y de que es difícil referirse al mecenazgo sin pensar en ellos y en su financiación directa a los artistas.

Sin embargo, nuestra Ley de Mecenazgo, recogiendo la cultura como una actividad de interés general, no permite la financiación directa de los creadores de la cultura, los artistas, ya que éstos no se encuentran incluidos en la Ley de Mecenazgo. Hay probablemente diversas razones que justificaran en su día la no inclusión del artista en la Ley: razones de control, seguimiento, supervisión y probablemente una vez más presupuestarias (quizás algunas de ellas subsistan hoy).

No obstante, se pueden establecer medidas que palíen la problemática expuesta y permitan colocar al artista dentro del sistema de protección y estímulo que otorga la Ley de Mecenazgo.

En este sentido, como primera idea, propondríamos la inclusión del «artista» dentro del ámbito subjetivo de aplicación de la Ley del Mecenazgo, como beneficiario del régimen de incentivos previsto en dicho texto legal, de acuerdo con lo siguiente:

Incorporación del concepto de «artista de especial relevancia» bien por definición en la propia Ley del Mecenazgo, bien por referencia a otro texto normativo

(p. ej. el Estatuto del Artista), y desarrollo reglamentario de las bases y criterios para la determinación de las personas que ostentan dicha condición (p. ej. similar al existente, en el ámbito del deporte, con el Real Decreto 971/2007, de 13 de julio, sobre deportistas de alto nivel y alto rendimiento).

Publicación anual en el BOE de las personas consideradas «artista de especial relevancia» y duración mínima de esa consideración La inclusión debería establecerse mediante resolución del correspondiente órgano o comisión dentro del Ministerio de Cultura (de forma similar a lo que sucede, en el ámbito deportivo, con la relación de deportistas de alto nivel aprobada de forma periódica mediante resolución de la Presidencia del Consejo Superior de Deportes, previa propuesta de la Subcomisión Técnica de Seguimiento de Alto Nivel a la Comisión de Evaluación del Deporte de Alto Nivel).

Los criterios fijados reglamentariamente para la determinación de las personas que ostenten la condición de «artista de especial relevancia» deberían atender, en todo caso, a parámetros objetivos y cuantificables tales como: 1) los premios recibidos, 2) las exposiciones realizadas en determinadas salas o galerías; la reproducción de su obra en medios, etc., 3) la relevancia o penetración social del artista, 4) criterios técnicos de valoración, u otros.

A fin de paliar el impacto presupuestario de la medida se podría excluir la aplicación del régimen (o limitar su alcance), a aquellos «artistas de especial relevancia» cuyo nivel de rentas estuviera por encima de un determinado umbral.

La condición de «artista de especial relevancia» a los efectos de la Ley de Mecenazgo llevaría aparejada la aplicación de un régimen de incentivos tanto para el propio artista como para quienes financien o patrocinen su actividad.

A estos efectos, la inclusión en el catálogo de «artistas de especial relevancia» conllevaría:

La aplicación de determinados incentivos en el Impuesto sobre la Renta de las Personas Físicas tales como la exención de las ayudas económicas recibidas hasta un importe máximo de 60.100 euros anuales. La aplicación de este incentivo podría ser excluida en función de que el artista sobrepasase un determinado volumen de rentas.

La aplicación, a las entidades o sujetos que financien o promocionen la actividad de los artistas de especial relevancia, del régimen de incentivos establecidos en la Ley del Mecenazgo para los donativos, donaciones y aportaciones realizadas, así como para los convenios de colaboración suscritos.

La inclusión del «artista de especial relevancia» en la Ley de Mecenazgo serviría para dar cobertura al *crowdfunding* y al micro mecenazgo.

En definitiva, con esta medida se trataría de favorecer la creación cultural, dotando a los profesionales más destacados del sector cultural de un sistema de incentivos que les permita desarrollar su trabajo con una mayor dedicación o con una cierta estabilidad económica.

Adicionalmente, la inclusión de los artistas en el ámbito de la Ley del Mecenazgo permitiría, al margen de favorecer las fórmulas tradicionales de mecenazgo y la atracción del capital empresarial y particular al foco de la creación, una mayor eficacia y un estímulo de las nuevas formas de mecenazgo.

Modificación del alcance de los convenios de colaboración

De manera similar a como se ha llevado a efecto con las donaciones, se trataría de dar cabida en el ámbito de los convenios de colaboración contemplados en el artículo 25 de la Ley de Mecenazgo a la percepción por parte del colaborador de determinadas contraprestaciones que, sin perjudicar el *animus donandi* que ha de presidir los convenios de colaboración, permitiera incentivar la atracción del capital privado a las actividades culturales.

En este sentido, se podría establecer un régimen en virtud del cual, la percepción por parte del colaborador de determinadas contraprestaciones de bienes, derechos o servicios realizadas por la entidad beneficiaria de la colaboración no perjudicara el régimen previsto en el citado artículo 25 de la Ley de Mecenazgo, siempre y cuando el valor de las citadas contraprestaciones no excediera del 15 por 100 del importe de la ayuda económica recibida, y con el límite de 150.000 euros.

La diferencia de umbral que se produciría entre el establecido para las donaciones y el establecido para los convenios se justificaría plenamente si tenemos en cuenta que, en la actualidad, los convenios de colaboración únicamente permiten deducir el gasto incurrido por el colaborador al tipo de su Impuesto sobre

Sociedades (25 por 100 con carácter general) mientras que la deducción mínima que se puede aplicar en cuota por una donación es del 40 por 100.

Régimen de incentivos para actividades de «especial interés cultural»

Existen determinado tipo de actividades en el ámbito cultural que, siendo de especial interés, no gozan del régimen previsto en la Ley de Mecenazgo por no llevarse a efecto por entidades sin ánimo de lucro de las previstas en la citada Ley. Estas actividades tampoco podrían eventualmente beneficiarse del régimen de los acontecimientos de excepcional interés público previsto en la norma por tener carácter recurrente.

El objetivo de la modificación sería atraer el capital privado para la financiación de ese tipo de actividades que, aun no teniendo naturaleza «excepcional», por ser de carácter estructural o recurrente, revisten un especial interés o son merecedoras de una especial protección o fomento.

El régimen fiscal consistiría en la posibilidad de que los sujetos pasivos del Impuesto sobre Sociedades y del Impuesto sobre la Renta de las Personas Físicas que realicen actividades económicas en régimen de estimación directa y los contribuyentes del Impuesto sobre la Renta de no Residentes que operen en territorio español mediante establecimiento permanente pudieran deducir de la cuota íntegra del Impuesto el 25 por 100 del importe que destinaran al patrocinio de las entidades que desarrollen las actividades de «especial interés cultural».

La citada deducción sería compatible con la deducibilidad del gasto de patrocinio incurrido por el patrocinador.

A efectos de que hubiera un adecuado control administrativo, la determinación de las actividades que pudieran ser merecedoras de la aplicación de este régimen deberían establecerse por Ley a propuesta del Ministerio de Cultura.

A estos mismos efectos, debería establecerse un procedimiento de solicitud de aplicación del régimen ante el Ministerio de Cultura por parte de aquellas entidades que consideran que su actividad estuviera incluida dentro de las previstas en la ley habilitante.

Otras medidas al margen de la Ley de Mecenazgo

Señalaremos a continuación muy brevemente otras posibles medidas que, al margen de la Ley de Mecenazgo, se podrían plantear de cara a la dinamización del sector cultural.

Exención por reinversión en obras de arte

Se trataría de introducir en el artículo 38 de la Ley 35/2006, de 28 de noviembre, del Impuesto sobre la Renta de las Personas Físicas, un nuevo supuesto de exención relativo a las ganancias patrimoniales que se pongan de manifiesto con ocasión de la transmisión de obras de arte, cuando el importe total obtenido por la transmisión se reinvierta, dentro de un determinado plazo, en la adquisición de otras obras de arte o de participaciones en entidades de las previstas en el artículo 94 de la citada Ley que inviertan en obras de arte.

Al igual que en otros supuestos previstos en la mencionada norma, se establecería la posibilidad de exención parcial en proporción a la reinversión efectuada (si la cantidad reinvertida fuese inferior al importe total percibido en la transmisión, quedaría exenta la parte proporcional de la ganancia patrimonial obtenida correspondiente a la cantidad efectivamente reinvertida).

Esta medida estaría dirigida a favorecer la inversión en arte, la creación artística, el intercambio cultural, combatir el «estacionamiento» del arte y la posibilidad de rejuvenecer los fondos de los coleccionistas.

Actualización del valor exento de objetos de arte y antigüedades

A fin de favorecer la inversión en arte y antigüedades, se propondría actualizar los valores máximos de los objetos de arte y antigüedades a los que resultan de aplicación la exención a efectos del Impuesto sobre el Patrimonio prevista en el artículo 4. 3 de la Ley 19/1991, de 6 de junio, del Impuesto sobre el Patrimonio, la reducción del 95 por 100 a efectos del Impuesto sobre Sucesiones y Donaciones prevista en el artículo 20. 2. c) de la Ley 29/1987, de 18 de diciembre, del Impuesto sobre Sucesiones y Donaciones.

Bajo su redacción actual, los valores máximos se establecen por referencia a los importes fijados en el artículo 26, del Real Decreto 111/1986, de 10 de enero, de desarrollo parcial de la Ley 16/1985, de 25 de junio, del Patrimonio Histórico Español, cuya última actualización se llevó a cabo 3 de marzo de 1994.

Habiendo transcurrido más de 28 años desde su última revisión, se hace necesaria una actualización de estos valores (que al menos tome en consideración el efecto de la inflación) para su adecuación a la realidad económica actual.

Homogeneización del tipo de IVA en la compra de arte

La internacionalización del consumidor de arte ha puesto de manifiesto un problema muy específico del que se han hecho eco los distribuidores de arte, fundamentalmente los galeristas y exhibidores, que es que el tipo de IVA a la compra de arte es superior en España al tipo de IVA en algunos países de nuestro entorno.

Esta circunstancia está originando dos efectos indeseados: 1) el encarecimiento del arte lo que hace más difícil el acceso al mismo para el gran público, y 2) que el perfil internacional del inversor en arte hace que este desvíe sus compras a otros mercados por el ahorro que supone un impuesto al consumo más reducido.

A fin de paliar esta situación sería recomendable homogeneizar el tipo de IVA español al de los países de nuestro entorno con tipos más bajos de modo que, por un lado, el arte fuera más accesible al público en general y, por otro, no se derivaran las compras a otros países.

EPÍLOGO

En la actualidad es difícil pensar en un escenario en el que el sostenimiento, fomento y difusión de la cultura se pueda sostener únicamente con subvenciones públicas directas.

Por ello, es indispensable pensar en medidas que sirvan para favorecer e impulsar la participación del sector privado en el ámbito cultural, en sus distintas manifestaciones, y de este modo cubrir de una manera más eficaz el mandato contenido en nuestra Constitución.

Tradicionalmente, en los distintos Gobiernos que se han ido sucediendo se ha producido una tensión derivada de la conciencia de la importancia de introducir medidas fiscales que favorezcan la participación privada en el ámbito cultural y la necesidad de no perjudicar la obtención de los ingresos necesarios para acometer gastos en actividades que el sector público considera imprescindibles o más acuciantes.

En este contexto, se hace preciso pensar en fórmulas alternativas que, al tiempo que sirvan para estimular la cultura y la financiación parcial de la misma por el sector privado, no tengan un impacto difícil de asumir a efectos presupuestarios.

Las medidas que se han descrito en este capítulo cumplen en nuestra opinión el equilibrio al que acabamos de hacer mención.

Confiamos en que sean de utilidad y que en algún momento podamos verlas incorporadas a nuestro sistema normativo.

La fuerza de la unidad: colaboración y acción conjunta de la cultura

Kike Labián

Hace un par de años tuve la oportunidad de dinamizar una sesión con organizaciones del sector cultural para fomentar la colaboración entre ellas. Todas eran de primer nivel en música clásica, estábamos en el *Saló del Miralls del Gran Teatre del Liceu* y, las cosas como son, me temblaban las piernas. Era un encargo de la Fundación Banco Sabadell y esas treinta entidades habían construido mi imaginario de sector cultural desde que empecé a tocar el tambor con cinco años.

¿Cómo se fomenta la colaboración? De hecho, si necesita ser fomentada, ¿es realmente colaboración o simplemente ingeniería? Para empezar asumiendo la contradicción entre querer colaborar y necesitar una sesión guiada para hacerlo, después de un par de *ice breakers* que cayeron sorprendentemente bien y que me permitieron separar a los treinta presentes en pequeños equipos de desconocidos, lancé la primera consigna:

«Tenéis diez minutos para, por grupos, crear un listado de motivos para no colaborar. Vais a crear el Manifiesto contra la Colaboración».

La primera reacción fue ligeramente negativa. Y digo «ligeramente» porque algo que se aprende desde bien pequeño en música clásica es a mostrar desaprobación con gestos ligeros. No obstante, como la otra cosa que se aprende es que lo que diga el director se hace y punto, se lanzaron a la tarea.

Las caras, que es lo único que ves cuando llevas la batuta en estas situaciones, cambiaron de manera radical durante los tres primeros minutos de ejercicio. De duda a ilusión. Por fin. Por fin había llegado el gran momento: durante diez minutos, pudieron reconocer en público que, en el fondo, colaborar es un tostón (¿se puede decir «tostón» en un texto como este?). Burocracia, falta de presupuesto, rendición de cuentas, tensiones entre equipos... A los nueve minutos saqué a pasear mi molesta voz de pito para gritar «¡queda un minut...» y, antes de terminar la frase, un señor muy alegre me interrumpió: «¡déjanos cinco minutos más, que nos quedan muchas ideas por poner!».

Las reflexiones de ese ejercicio me han acompañado a lo largo de estos dos años, pero antes de conocer mis propias conclusiones, mucho me temo que tendréis que recorrer conmigo tres anécdotas que me han permitido darles forma. Por dejaros con la miel en los labios, os haré un pequeño *spoiler*: la colaboración no ocurrirá tendiendo puentes, sino levantando barreras.

ESCARABAJOS, CACTUS Y PÁJAROS CARPINTEROS

En Zapotitlán, un pequeño municipio del Estado de Puebla, México, se encuentra el Jardín Botánico Helia Bravo Hollis, un jardín botánico *in situ* que reúne a más de trescientas especies endémicas, en su mayoría cactus, para su estudio, conservación y divulgación. Un territorio que te recibe con una apabullante perspectiva de cientos de miles de plantas espinosas agrupadas hasta donde alcanza la vista.

Al llegar nos recibió Armando, un señor que, sin temor a equivocarme, diría que es oficialmente «el señor más simpático del mundo». Puesto que estábamos solos, pudimos disfrutar de su compañía en exclusiva a lo largo de todo el recorrido. Tardé poco en descubrir que no nos estaba guiando por un jardín botánico, nos estaba guiando por su casa. Él nació y creció allí, jugando a encontrar fósiles marinos con el resto de niños, y hablaba con amor absoluto de cada planta, piedra o animal habitante de aquella tierra que, como él decía, «no me pertenece, le pertenezco yo a ella».

Tras contarnos la historia de los pueblos indígenas que vivieron en aquella geografía tan peculiar, nos llevó a pasear para conocer una ínfima parte de las especies de cactus que crecían en aquel terreno. Fue tal el mar de información que apenas puedo recordar algunas generalidades, pero en concreto, nos mostró un cactus que me llamó especialmente la atención por su estado: negro, caído, descompuesto y, en resumen, muerto.

Armando nos explicó que ese cactus había sufrido una bacteria transmitida por un escarabajo que, probablemente para calmar la *gusa* de media mañana, entró al cactus a través de un agujero hecho por un pájaro carpintero.

Desde mis ojos de pseudo urbanita cuyas principales referencias de interacción ecosistémica son las rotondas y un suricato cantando «*Hakuna Matata*» con un jabalí, sentí pena. No fue así el caso de Armando. «La simbiosis, familia. No sientan pena, es el equilibrio de los ecosistemas. La muerte es necesaria para que haya vida. Yo volveré a esta tierra para que otros puedan nacer».

La primera barrera para la colaboración es la renuncia, pues requiere asumir que lo otro puede ser mejor que lo propio si queremos transformar lo común, paradigma que choca frontalmente con un sector que valora sus instituciones por su facturación, sus empleados, sus asistentes o sus seguidores en redes sociales.

Aunque más adelante hablaremos de un campamento de rock que me hizo aprender que nuestro modelo de medición de impacto es la gran barrera para la colaboración, por lo pronto nos quedaremos con la solución que aprendí de Armando: el amor por lo que hacemos. Quizás no es la respuesta que se esperaría de un texto de la CEOE, o probablemente sí y son mis prejuicios los que escriben, pero de corazón creo que la única motivación para mandar ese *WhatsApp* a ese contacto con ese «oye, tengo una idea» es amar tanto la cultura que, incluso cuando te llega la oportunidad de tus sueños, no olvidas que no eres suficiente, que necesitas a otros para materializar la visión del mundo que sueñas, incluso si eso supone renunciar a protagonismo, recursos o simplemente tranquilidad. Que no te pertenece, le perteneces tú a ella.

La próxima vez que te llegue la oportunidad de construir algo, pregúntate: «¿qué necesita el mundo de mí esta vez, que sea cactus, escarabajo o pájaro carpintero?».

EL CHICO DEL CATERING, EL HUMMUS Y LA INCOMODIDAD

Hace unos años que empiezo a ser considerado «experto», esa categoría que te legitima como invitado a eventos donde ponen tu nombre en la mesa porque alguien cree que es el sitio que mereces. Sería cínico negar que tiene su punto.

En uno de estos eventos en los que expertos nos reunimos para reflexionar sobre cómo la cultura puede cambiar el mundo, charlando con una amiga directora de la fundación organizadora, le pregunté «oye, ¿quién es ese chico? Me suena mogollón haberle visto en otros eventos y no caigo…». Me respondió que no sabía quién era, pero que iba a investigar. Se acercó a una compañera suya, hizo la consulta y a la vuelta me dio una dosis histórica de ubicaína en seis palabras: «Kike, es el chico del catering». Ya no es que nos reconozcamos los asistentes a estos eventos, es que hasta reconozco al chico del catering que nos alimenta un par de veces al mes. Muy rico el hummus, por cierto.

La segunda barrera para la colaboración es la comodidad, puesto que nos impide generar alianzas insospechadas que tienen tanto potencial de transformarlo todo como de no transformar nada.

La tendencia reciente a crear grupos de colaboración e influencia para transformar realidades bajo términos como «ecosistema» o «comunidad» nos ha permitido fortalecer sectores tan infravalorados como lo es el cultural. Hemos tejido una red tan estrecha, tan colaborativa, tan afectuosa y tan resiliente gracias a las diferentes organizaciones (a menudo filantrópicas) que han confiado en la visión transformadora de unos pocos que, por fin, tenemos capacidad de movilizar.

Sin embargo, ¿cuándo una red de colaboración se tropieza y se convierte en una red endogámica? ¿Nos hemos cogido tanto cariño para colaborar que colateralmente estamos impidiendo que otros nos colaboren? ¿Elegimos nuestras colaboraciones por su impacto o por su comodidad?

Por quitar algo de retórica, cada vez escucho más en estos eventos que somos «los de siempre». Un grupo de personas legitimadas por la academia o la institución que nos reunimos para impulsar iniciativas que mejoren la calidad de vida de las personas a través de la cultura. Y es un buen primer paso. Sin embargo, creo que ha llegado el momento de incluir en esta ecuación lo que el equipo creador del «modelo HIP» encargado por la SEGIB para impulsar la innovación pública denominó el «vector OPEN_», aquella variable que mide la capacidad de un ecosistema de *capilarizar* para que entren (y salgan) a jugar agentes insospechados, que resulten en colaboraciones tan incómodas como el mundo en el que vivimos.

¿Pero qué mecanismos tienen nuestras organizaciones para garantizar estas conexiones? Si la respuesta se basa en *elevator pitchs* y dossiers que hacen que la responsabilidad de la colaboración recaiga en pequeñas organizaciones o emprendedores que deben convencer, mucho me temo que nos estaremos haciendo trampas al solitario. Además, no nos engañemos: nadie quiere hablar en un ascensor. Qué fácil sonaba lo de la humildad y la generosidad cuando hablábamos de pájaros carpinteros, ¿no? Necesitamos mecanismos concretos que repartan la responsabilidad de la colaboración, especialmente por parte de las instituciones con más capacidad de decisión, con más recursos.

En el próximo evento, invita a gente que no conozcas, elimina de tu web el mail hola@insertenombredefundacion.org que casualmente siempre redirige a spam, queda con ese chaval que te escribe para tomar un café por Linkedin porque quiere contarte su idea aunque a priori no lo entiendes del todo, apuesta por impulsar proyectos que te parezcan descabellados en tu próxima convocatoria y, en resumen, evita eventos en los que sepas cómo va a saber el hummus antes de probarlo.

ADOLESCENCIA, MÚSICA ROCK Y CAMPAMENTOS DE VERANO

Cuando decidí dedicarme a la gestión cultural no dimensioné lo mucho que echaría de menos lo que me llevó a ella: la educación. En concreto, la educación musical con adolescentes. Sin embargo, este verano nos llegó una oportunidad de cubrir la parte de educación musical en un campamento de música en la sierra de Cantabria. Entre *excels* y dossiers, dije «yo ya no estoy para estas cosas, a ver quién puede ir del equipo» (es lo que tiene la institucionalidad, que te vuelve algo estúpido), pero mi hermano, que me conoce demasiado bien, me dijo «es agosto, la oficina está tranquila, vete y disfruta, Enrique» (es lo que tienen los hermanos, que te quintan la estupidez). Y fue la mejor semana de mi año. Todo gestor cultural debería pasar cinco días tocando *Red Hot Chilli Peppers* con adolescentes por decreto ley.

A la gente le sorprende que mi edad favorita para trabajar sea la adolescencia, pero a mí me fascina porque en el fondo los adolescentes siempre tienen razón. Esa etapa es un maravilloso experimento vital en el que aprendemos que podemos decidir cosas sin sufrir todas las barreras que diez años después nos impedirán decidir cosas, y los campamentos son el mejor laboratorio que hemos sabido diseñar para que ese experimento ocurra: noches sin dormir, amistades efímeras, conflictos de escala internacional que se resuelven en cinco minutos, primeros besos… A los 15 años no hay demasiada necesidad de medir tu impacto.

Como todo buen campamento, había una noche final para celebrar. Una *jam session* en la que cada grupo compartía las actuaciones que había preparado durante la semana sobre el mejor escenario posible: un garaje en un albergue entre montañas. Cuando llegó la hora del show ocurrió algo que me llamó la atención: los chicos aplaudían más a sus compañeros antes de cada canción que después. Y no porque lo hiciesen mal, que conste. Su único recurso para apoyar a sus compañeros eran sus palmas, y no necesitaban escuchar la canción para saber que se las merecían porque, en el fondo, no aplaudían el resultado, sino el proceso que les había llevado hasta allí.

Como diría un Gen Z, *unpopular opinion*: la tercera barrera para la colaboración es la medición de impacto.

En el sector cultural, cuando «vendemos un proyecto», siempre incluimos una diapositiva de impacto: directo, indirecto, en medios, en visitantes, en participantes… Una diapositiva llena de promesas en forma de cifras que se revisarán algunos meses después para decidir si se renueva, se amplía, se reduce o se cierra. Sin embargo, si asumimos las colaboraciones insospechadas como necesarias para expandir nuestro impacto, elaborar promesas se convierte en una tarea demasiado arriesgada, teniendo en cuenta que ni siquiera sabemos si nos llevaremos bien con el otro logo de la portada del dossier.

En el ámbito educativo, que es ese cajón de sastre en el que metemos todas las transformaciones sociales a base de «al final para cambiar esto la clave está en la educación» porque en el fondo no queremos asumir que para «cambiar esto» deberíamos cambiar nosotros, este debate está superado. En mi caso, lo aprendí gracias a las investigaciones de Ernesto Panadero, especialista en evaluación para el aprendizaje y otros procesos como metacognición o autorregulación. Panadero (2017) defiende y demuestra que la «calificación» —concepto que en educación se asemeja mucho a lo que en cultura utilizamos como «medición»— se convierte en evaluación cuando no solo medimos el resultado para saber cómo lo hemos hecho a modo de *foto finish*, sino que también medimos el proceso para saber cómo podríamos hacerlo mejor si se volviese a repetir.

Si transformamos la medición de impacto de nuestros proyectos culturales en evaluación, dejaremos de priorizar resultados cuantitativos recogidos en formularios que miden ese impacto con una casilla de respuesta numérica de máximo cinco dígitos, y comenzaremos a recoger evidencias sobre los intangibles que sustentan esos datos. ¿Qué hemos aprendido de este proyecto? ¿Qué haríamos diferente? ¿Cómo ha mejorado la colaboración? Evaluaciones que a la hora de determinar el éxito o fracaso de un proyecto (y por tanto, su continuidad), incluyan variables sobre la propia estructura colaborativa.

O dicho de otra manera: prefiero una colaboración entre la Orquesta Nacional de España y los chavales que bailan pop coreano en las calles para subirlo a TikTok que no acierte ni uno de los datos de impacto prometidos porque han tardado seis meses en entenderse, pero que sea capaz de vincular aprendizajes del proceso con el éxito de su siguiente fase, que una colaboración previsible que no falle ni un dato en su formulario final pero que proponga una repetición exactamente igual. Más vale una incomodidad que garantiza progreso que una comodidad cronificada.

Si tienes capacidad de decisión sobre el marco en el que ocurre una colaboración, incluye mecanismos de evaluación que recojan evidencia no solo sobre la certidumbre, sino de cómo esa colaboración surfea la incertidumbre, porque si por casualidad resulta que funciona, el resultado será, esta vez para bien, inesperado.

AHORA SÍ, LAS DICHOSAS CONCLUSIONES

Sin ser yo fan número uno de Habermas, su distinción entre racionalidad instrumental y racionalidad comunicativa me resulta operativa para resumir lo que tienen en común un cactus, un catering, un campamento de rock y una sesión de entidades de música clásica. Volvamos al *Gran Teatre del Liceu.*

Los participantes, cuando descubrieron que la veda de la honestidad estaba abierta, desvelaron una realidad muy sencilla: la burocracia e ingeniería que las instituciones hemos utilizado para fomentar la colaboración han llegado a donde iban. En su Manifiesto contra la Colaboración, las personas participantes del taller expresaron el miedo a la transparencia que requiere colaborar, a perder los afectos y cuidados, al peligro de ceder protagonismo y reputación, a no cumplir los objetivos propuestos, a desconfiar de los equipos mixtos. En resumen, hemos comprado la retórica de la colaboración institucional, pero no hemos aceptado sus consecuencias en la colaboración humana.

La verdad, después de esa sesión comencé a aplicar esa dinámica en muchos otros contextos, siempre seguida de otra más optimista: «cada equipo tiene un presupuesto diferente para crear su proyecto de colaboración organizacional. Podéis hacer lo que os dé la gana con él».

El resultado suele ser común: proyectos de largo plazo, con cifras de impacto humildes pero honestas, con un recursos dedicados exclusivamente a construir y cuidar a los equipos, con más evaluaciones que mediciones, con menos formularios y más entrevistas en profundidad, con flexibilidad para asumir la incertidumbre del proceso, con posibilidad de fracasar sin caer, con tiempo para parar, aprender y reconducir... Nada que, por desgracia, no suene obvio. *Desmetodologizar* las relaciones para reconocer los afectos que las condicionan.

El miedo de Habermas frente al imperativo de la tecnología no era por el instrumento *per se*, sino por la erosión que estaba suponiendo para otras prácticas relacionadas con los afectos, la sensibilidad, la deliberación y la democracia. Todas ellas no solo compatibles con el rigor, sino indispensables para lograrlo.

En mi caso, últimamente siempre que empiezo estas sesiones que me encargan dinamizar, repito lo mismo: «ojalá hoy me vaya a casa convencido de que no hacía falta que dinamizase nada, que he sobrado». De hecho, siempre que le cuento a mi madre lo que he hecho después de una jornada así, le digo «mamá, creo que en el fondo me llaman porque soy bastante gracioso, no porque haga falta». Ojalá sea verdad.

Ojalá recuperar los afectos y la calma, y con ellos las ilusiones y los fracasos que resultan de la incertidumbre abrazada en cada colaboración. Ojalá celebrar la evaluación como quien se ríe de los errores porque ha cambiado la culpa cortoplacista por la responsabilidad que mira lejos. Ojalá ser el cactus que ya no hace falta en ese ecosistema porque, por suerte, siempre deben pasar cosas nuevas.

Panadero, E. (2017). A review of self-regulated learning: Six models and four directions for research. *Frontiers in Psychology, 8,* 422. https://doi.org/10.3389/fpsyg.2017.00422

Habermas, J. (1984). *The theory of communicative action: Reason and the rationalization of society* (Vol. 1). Beacon Press.

Empresas creativas. Formación empresarial para gestores culturales

SARA MAGÁN

INTRODUCCIÓN

«La gente de la cultura ve un número y echa a correr despavorida» sin duda alguna puede parecer un chiste, pero encierra una enorme verdad. Tradicionalmente el sector de la cultura ha vivido de espaldas a la economía movidos por la vocación y el entusiasmo.

La cultura ha estado tradicionalmente vinculada a las letras y ha ignorado, arrogante, a todo lo que oliese a número. En muchas ocasiones a lo largo de mi trayectoria he escuchado con orgullo decir «es que yo soy de letras», incluso, alguna vez, y lo confieso con sonrojo, lo he dicho yo misma. Cuando en realidad lo que deberíamos de sentir es cierta vergüenza por nuestra falta de formación en materias claves para desarrollar nuestra profesión como gestores y gestoras culturales.

Denunciamos la falta de recursos económicos, la inestabilidad laboral, reivindicamos más relevancia social, más reconocimiento y sin embargo no somos

capaces de asumir nuestras limitaciones y nos boicotea-
mos a nosotros mismos una y otra vez.

Esta carencia de base, a veces producto de la falta de
interés y en ocasiones derivada de la falta de (in)forma-
ción, ha tenido graves consecuencias para los profesionales del sector.

Tanto es así que, como afirma la filósofa Remedios
Zafra (Zuheros, 1973) en su ensayo sobre la precariedad y el trabajo creativo en la era digital «*El entusiasmo*»,
los profesionales de la cultura hemos normalizado la
precariedad de nuestro trabajo derivado de un problema estructural, aceptando un salario emocional por la
suerte que tenemos de dedicarnos a lo nuestro, por el
amor al arte que a todos los profesionales de la cultura
se nos (pre) supone.

En este perverso círculo vicioso nos movemos. Y no
saldremos de él hasta que no entendamos el valor económico de la cultura. Y es que, nos guste o no, en el
contexto
actual la economía lo determina todo; la política, el
deporte, los avances científicos, el desarrollo de las sociedades…, incluso la cultura.

La actualidad nos exige incorporar a nuestro desarrollo profesional una formación empresarial que consolide
la profesionalización del sector. Que nos permita disponer de mejores condiciones laborales, ser más competitivos, atraer más apoyos e incluso más prestigio social.

Preparando este capítulo he descubierto con cierto
estupor que no existe apenas literatura sobre el impacto que la cultura tiene en la economía o la necesidad de
la formación empresarial en el sector cultural.

Creo que esta ausencia es sintomática de una realidad que ha venido dando la espalda a estos temas. Incluso interpretando en ocasiones, que el valor de mercado banaliza y corrompe el hecho artístico. Mario Vargas Llosa (Arequipa, Perú,1936) en su obra *La civilización del espectáculo*, afirmaba: «Para nuestra cultura son esenciales la producción industrial masiva y el éxito comercial. La distinción entre precio y valor se ha eclipsado y ambas cosas son ahora una sola, en la que el primero ha absorbido y anulado al segundo. Lo que tiene éxito y se vende es bueno y lo que fracasa y no conquista al público es malo. El único valor es el comercial (…) El único valor existente es ahora el que fija el mercado».

EL VALOR (ECONÓMICO) DE LA CULTURA

A pesar de todo lo anteriormente expuesto, hay buenas noticias, las industrias culturales y creativas se han convertido en un sector estratégico para el desarrollo humano, social y económico de nuestro país.

En España, las ICC's son consideradas una industria relevante para el crecimiento del PIB, generadora de riqueza y trabajo, (casi 700.000 trabajadores según datos de la CEOE en el año 2023), vertebradora de territorios, beneficiosa para la salud y el bienestar de las personas, clave en la estrategia política y garante de pluralidad.

En la eclosión del turismo cultural encontramos uno de los mejores ejemplos de esta realidad. Ciudades como Málaga, tradicionalmente conocida por sus playas y su climatología, hoy es una referencia cultural en

Europa y se ha convertido en el motor de crecimiento de Andalucía.

A todo esto, hay que añadir que la cultura aporta un gran valor intangible, da prestigio, reconocimiento, humaniza, educa, se convierte en refugio ante la crispación, espacio de encuentro intergeneracional y cada vez más, un actor relevante frente al cambio climático y al desarrollo sostenible de los países.

Por todo lo anteriormente formulado, es urgente que los profesionales de la cultura adquieran una serie de conocimientos y habilidades empresariales que les permitan gestionar la cultura como la industria que es, y ser más competitivos. Por un lado, aprendiendo de otros sectores y siendo capaces de interactuar con ellos y, por otro lado, compitiendo en igualdad de condiciones por los recursos, públicos y privados, que son limitados.

Hay que hablar el lenguaje del mercado, porque el mercado no entiende los términos abstractos, en ocasiones hasta los penaliza. Necesita números, resultados, datos de impacto, estrategias y rentabilidad. Y para ello es esencial una formación de base, una formación humanista en la que las ciencias y las letras convivan y podamos ser capaces de plantear un correcto desarrollo de negocio, hacer un análisis previo que nos permita identificar la viabilidad de un proyecto antes de ponerlo en marcha y medir su impacto sin descuidar en ningún caso, el rigor del contenido y el prestigio del creador.

Hoy más que nunca, los profesionales de la cultura han de estar preparados para afrontar el contexto, que más allá de la digitalización y los retos que ésta nos plantea, nos confronta a otras asignaturas pendientes.

FORMACIÓN PROFESIONAL (Y EMPRESARIAL)

La formación en la gestión cultural nació en la década de los ochenta del siglo pasado, hasta entonces, el trabajo era puramente vocacional y se ejercía de manera improvisada, sin aplicar metodología y rigor profesional alguno.

Esta carencia originó la aparición de los primeros programas de formación profesional en el ámbito de la gestión cultural, en su mayoría universitarios, en los que se le daba mucho espacio a la teoría, a la definición de los diferentes sectores culturales, como el libro, las artes escénicas, la obra plástica, la música…, y a aspectos más transversales como el significado y valor de la cultura, la nueva configuración de los derechos de autor, la gestión de patrocinios, las nuevas formas de explotación comercial, el mundo digital, etc. La gestión financiera del proyecto cultural ocupaba un tímido lugar en estos programas académicos, en ocasiones, se acompañaba de un taller práctico, en el que se ponía el *excel* sobre la mesa de trabajo, sin ahondar más en la materia, tratándose de una herramienta insuficiente y precaria para enfrentarse el mundo empresarial.

Ante esta carencia formativa, herramientas como el *business plan*, el control presupuestario, la negociación, el régimen fiscal, el marco jurídico actual, las distintas fuentes de financiación existentes en el mercado, la medición de datos, el estudio de audiencias y públicos, la contratación público-privada, la gestión de los recursos humanos, la realidad internacional de nuestro sector, el plan de marketing y promoción, la transformación digital, etc., han de incorporarse en los temarios para lograr que el gestor cultural sea un profesional de alto nivel cualitativo. Sin perder de vista, además, que tratamos una materia viva, por lo que los planes formativos deberán de ser permanentemente revisados y actualizados.

Un profesional del ámbito de la cultura que reúna estos conocimientos y habilidades será capaz de enfrentarse al reto de la gestión empresarial con mayor probabilidad de éxito y con un menor riesgo en un contexto de permanente cambio, y le permitirá evaluar con rigor el impacto económico de sus proyectos, lo que le aportará una imagen de solvencia imprescindible para conseguir y mantener, el necesario apoyo financiero.

Es importante señalar que el marco financiero y fiscal vigente va más allá de las tradicionales subvenciones y patrocinios, otros instrumentos de financiación que garantizarán la obtención de recursos necesarios para el desarrollo de proyectos solventes. Esta circunstancia requiere una formación económica y fiscal que nos permita atraer a otros agentes ajenos al mercado de la cultura, ofreciéndoles una atractiva y alta rentabilidad financiero-fiscal, como retorno de su inversión en nuestros proyectos.

Por último y no menos importante, la sostenibilidad económica de un proyecto empresarial permite ofrecer condiciones dignas al equipo y acabar con la precariedad del sector, además de invertir en innovación y creatividad investigando nuevos caminos y oportunidades que impulsarán el crecimiento del sector cultural y su desarrollo, haciéndolo perdurable en el tiempo.

Todo esto dibujará un nuevo paradigma que convierta la práctica de la gestión cultural en una alternativa viable y atractiva de trabajo para futuras generaciones.

Quizás, muchos piensen que este conocimiento es inabarcable y que corresponde a otros el llevar a cabo estas funciones; sin embargo, debemos de asumir nuestra responsabilidad como gestores y disponer de un marco de conocimiento lo más amplio posible, que nos permita tomar las mejores decisiones en cada momento, que garanticen la solvencia y la sostenibilidad económica de nuestra empresa y, por ende, de nuestros proyectos, evitando la precariedad en la que sobrevive el sector cultural que nos permitan invertir en innovación y creatividad, investigando nuevos caminos y oportunidades, lo que impulsará el crecimiento del sector cultural y su desarrollo.

En resumen, hemos de convertir el conocimiento en una herramienta de gestión empresarial que profesionalice aún más el sector cultural.

CONCLUSIONES

Hace ya mucho tiempo, la cultura era un sector muy atomizado. Cada disciplina era un espacio estanco y cada gestor lidiaba en su día a día, compitiendo con los demás sin sentirse parte de un tejido empresarial.

Esta realidad fue evolucionando y los profesionales comenzaron a trabajar en red y a formarse, lo que supuso un enorme fortalecimiento para el sector. Que pasó a ser una industria relevante, aunque precaria.

A día de hoy, en un contexto cada vez más complejo, estamos dando un paso más y estamos entablando conversaciones y colaboraciones con profesionales de otros sectores como la ciencia, la economía, la comunicación, la salud, la política o el derecho. Esta nueva realidad nos aporta una nueva manera de hacer que nos exige abandonar nuestra zona de confort y ampliar nuestros horizontes, vocabulario y formación.

No podemos quedar fuera de la dinámica intersectorial. Tenemos que ocupar nuestro espacio en la mesa de los mayores poniendo en valor el impacto social y económico de nuestro trabajo. Es la única posibilidad que tenemos de dejar de ocupar el último lugar de la fila, de dejar de ser la industria de la precariedad. La industria de la limosna, como escuché que la definían recientemente.

Antes de concluir el capítulo, me gustaría hacer una aclaración que me parece importante. Todo lo anteriormente expuesto debe de ser perfectamente compatible con no perder el sentido de lo que hacemos. Hemos de ser capaces de trascender planteamientos reduccionistas y muy utilizados desde una parte muy conservadora de la industria que afirma que las letras y los números son incompatibles. Que, si pensamos en términos económicos corromperemos lo que hacemos, perderemos el sentido de nuestro trabajo y solo atenderemos a los intereses del mercado.

En mi opinión, la formación es la base de un pleno desarrollo profesional y trabajar en proyectos económicamente sostenibles significa la conservación y desarrollo de la cultura en la que no debe nunca faltar el entusiasmo, la pasión y la certeza de estar haciendo algo con sentido. Somos nosotros, los gestores y gestoras culturales los que estamos obligados a demostrar que es compatible con el mercado, velando por una oferta cultural rigurosa, de calidad y plural que llegue a todos los públicos y que permita al sector vivir en las mejores condiciones posibles.

Solo aquellos que emprendan proyectos cimentados sobre planes de negocio sólidos aguantarán y desarrollarán propuestas con impacto social, económico e incluso político. Y lo más importante de todo, solo aquellos que sean económicamente eficientes podrán gestionar con libertad.

Zafra, R. (2017). *El entusiasmo.* Premio Anagrama de Ensayo. Anagrama.
Llosa, M. V. (2012). *La civilización del espectáculo.* Alfaguara.

Innovación compartida. Co-creación y nuevas tendencia en la cultura

ANA VELASCO

INTRODUCCIÓN

En un mundo donde la velocidad del cambio es cada vez más acelerada, la innovación se ha convertido en una necesidad esencial para la supervivencia y el crecimiento de las organizaciones y comunidades. Sin embargo, la forma en que entendemos y abordamos la innovación ha evolucionado. Hoy en día, la innovación compartida y la co-creación están emergiendo como conceptos clave en el panorama cultural y empresarial. Este artículo explora cómo estas tendencias están moldeando nuestras sociedades y abriendo nuevas vías para el desarrollo creativo y colaborativo.

La idea de colaboración en la creación no es nueva; sin embargo, la forma en que se ha conceptualizado y llevado a cabo ha cambiado significativamente con el tiempo. En la actualidad, la innovación se ha convertido cn una palabra clave que permea todos los aspectos de nuestras vidas. Ya sea en el ámbito empresarial, educativo o cultural, la capacidad de innovar se presenta como un imperativo para el crecimiento y la adaptación a un mundo en constante cambio. Dentro de este contexto, la innovación compartida y la co-creación han emergido como dos conceptos fundamentales que están transformando la manera en que concebimos y llevamos a cabo procesos creativos.

ORÍGENES

Los principios de la co-creación pueden rastrearse hasta los movimientos artísticos del siglo xx, donde diversos artistas comenzaron a experimentar con formas de expresión colectiva. Sin embargo, fue en las últimas décadas, con el auge de la tecnología digital, cuando estas ideas cobraron un nuevo impulso. La llegada de internet y las redes sociales ha permitido que las personas se conecten y colaboren de maneras antes inimaginables.

La revolución digital ha sido un catalizador crucial para la innovación compartida. Plataformas como *Wikipedia*, donde el contenido es creado y editado por usuarios de todo el mundo, son ejemplos emblemáticos de cómo la tecnología puede facilitar la colaboración. Estas plataformas no solo democratizan el acceso a la información, sino que también permiten a las personas aportar sus conocimientos y habilidades en un entorno abierto y accesible.

LA CO-CREACIÓN EN EL SIGLO XXI

En el siglo XXI, la co-creación ha comenzado a infiltrarse en diversas industrias y sectores. Desde el diseño de productos hasta la planificación urbana, cada vez más organizaciones están reconociendo el valor de involucrar a sus usuarios y a la comunidad en el proceso de innovación. Este cambio de mentalidad ha llevado a un enfoque más inclusivo y participativo en la creación, lo que a su vez ha generado un mayor sentido de pertenencia y satisfacción entre los participantes.

La innovación colaborativa es, en la actualidad, un pilar fundamental en el desarrollo de nuevas ideas y soluciones en diversos campos, desde la tecnología hasta las artes. Este enfoque se basa en la premisa de que la colaboración entre individuos y grupos puede generar resultados más creativos y efectivos que el trabajo aislado, ya que en esta colaboración diversas voces y perspectivas se unen, generando en la mayoría de las ocasiones resultados más ricos y significativos que los generados en los esfuerzos individuales. En un mundo cada vez más interconectado, la colaboración se manifiesta en múltiples formas, desde proyectos artísticos hasta iniciativas tecnológicas que muchas veces generan una hibridación entre ellas.

En este proceso diferentes actores, ya sean individuos, empresas, consumidores, artistas, instituciones o comunidades, trabajan juntos para crear algo nuevo, que pueden ser productos, servicios o experiencias. Este proceso puede incluir la co-creación de productos, servicios o incluso ideas culturales. La clave de este enfoque es la interacción y el intercambio de conocimientos, habilidades y recursos. La innovación compartida promueve un enfoque inclusivo que busca integrar diversas perspectivas y habilidades. Esto no solo enriquece el proceso creativo, sino que también asegura que los resultados sean más relevantes y significativos para un público más amplio.

Uno de los aspectos más fascinantes de la innovación colaborativa es cómo ha sido capaz de transformar la manera en que se producen y consumen las obras y proyectos culturales. Plataformas digitales como redes sociales y foros en línea permiten que artistas, escritores y creadores de todo tipo compartan sus ideas y trabajen juntos, sin importar las barreras geográficas. Este intercambio no solo enriquece el proceso creativo, sino que también democratiza el acceso a la cultura, permitiendo que voces diversas sean escuchadas y valoradas.

En este contexto podemos encontrar algunas definiciones clave :

INNOVACIÓN COMPARTIDA

La innovación compartida, como ya he mencionado anteriormente, se refiere a un proceso en el que múltiples actores, incluidos individuos, organizaciones y comunidades, colaboran para generar nuevas ideas, productos o soluciones. Este enfoque reconoce que la creatividad no se limita a los confines de una sola entidad o persona por el contrario, se nutre de la diversidad de experiencias y perspectivas que pueden contribuir a un resultado más enriquecedor y efectivo.

CO-CREACIÓN

La co-creación, por su parte, es un enfoque específico dentro de la innovación compartida que implica la participación activa de diferentes partes interesadas en el proceso de creación. Esto puede abarcar desde el desarrollo de productos y servicios hasta la producción artística y cultural y manifestarse en diversas formas, como talleres, *hackatones*, plataformas en línea y comunidades creativas. La creación conjunta no solo enriquece el resultado final, los participantes ya no son meros consumidores, sino co-creadores de experiencias y soluciones, ya que todos los involucrados en el proceso de innovación pueden aportar valor.

Al colaborar, los individuos no solo aportan sus habilidades y conocimientos, sino que también construyen relaciones significativas. Este aspecto social de la innovación colaborativa puede dar lugar a nuevas corrientes culturales que reflejan la diversidad y la complejidad de la experiencia humana.

En un mundo donde la velocidad del cambio es cada vez más acelerada, la innovación se ha convertido en una necesidad esencial para la supervivencia y el crecimiento de las organizaciones y comunidades. Sin embargo, la forma en que entendemos y abordamos la innovación ha evolucionado. Hoy en día, la innovación compartida y la co-creación están emergiendo como conceptos clave en el panorama cultural, empresarial y social.

En el ámbito empresarial, comprobamos como las empresas están reconociendo el valor de trabajar en conjunto con sus clientes y otras organizaciones para co-crear productos y servicios que realmente respondan a las necesidades del mercado. Este enfoque no solo impulsa la creatividad, sino que también fortalece la lealtad del cliente o público y mejora la satisfacción.

ARTE Y CULTURA

Proyectos artísticos colaborativos, como murales comunitarios o festivales de música donde se invita a los asistentes a participar en la creación, son ejemplos claros de cómo la co-creación puede enriquecer la experiencia cultural.

En el momento actual podemos comprobar como han surgido nuevas tendencias e hibridaciones en la cultura.

DIVERSIDAD E INCLUSIÓN

La diversidad e inclusión son pilares fundamentales en la innovación cultural, ya que enriquecen el proceso creativo al aportar una variedad de perspectivas y experiencias. Cuando se integran voces de diferentes orígenes, géneros, etnias y capacidades, se generan ideas más originales y soluciones más efectivas que reflejan la complejidad de la sociedad. Este enfoque no solo fomenta un ambiente más equitativo, sino que también impulsa la creatividad, permitiendo que las culturas se entrelacen y evolucionen de maneras sorprendentes. Al valorar y celebrar la diversidad, se abre la puerta a un futuro cultural más vibrante y dinámico, donde cada individuo puede contribuir y sentirse representado.

La cultura contemporánea valora cada vez más estas perspectivas diversas, lo que lleva a una mayor inclusión en el arte, la música y otras formas de expresión cultural.

TECNOLOGÍA Y DIGITALIZACIÓN

Las herramientas digitales han revolucionado la forma en que interactuamos y colaboramos. Plataformas como redes sociales, foros en línea y aplicaciones colaborativas han hecho que la co-creación sea más accesible que nunca. Esto ha permitido a las comunidades globales colaborar en proyectos culturales, creando una rica mezcla de influencias y estilos.

EXPERIENCIAS HÍBRIDAS

La pandemia aceleró la adopción de modelos híbridos que combinan la interacción física y digital. Las experiencias culturales, como festivales y exposiciones, están incorporando elementos virtuales para llegar a audiencias más amplias. Este enfoque no solo amplía el alcance, sino que también permite una mayor participación del público en la co-creación de experiencias culturales.

SOSTENIBILIDAD

La sostenibilidad en la innovación cultural y en la co-creación es fundamental para garantizar que las expresiones artísticas y culturales no solo perduren en el tiempo, sino que también se desarrollen de manera responsable y respetuosa con el medio ambiente y las comunidades. Al fomentar la colaboración entre artistas, comunidades y expertos en sostenibilidad, se pueden crear proyectos que no solo enriquezcan el patrimonio cultural, sino que también promuevan prácticas que minimicen el impacto ambiental. Esta sinergia permite que las ideas fluyan y se transformen en iniciativas que celebran la diversidad cultural, al mismo tiempo que abordan desafíos contemporáneos, como el cambio climático y la equidad social. En este sentido, la co-creación se convierte en un vehículo poderoso para construir un futuro más sostenible y vibrante, donde la cultura y la naturaleza coexistan en armonía.

Así podemos constatar como muchas iniciativas culturales y empresariales están enfocándose en cómo crear de manera responsable. Colaboraciones entre artistas, diseñadores y científicos están dando lugar a soluciones innovadoras que promueven la sostenibilidad y la conciencia ambiental.

EDUCACIÓN Y APRENDIZAJE COLABORATIVO

La educación y el aprendizaje colaborativo son enfoques que fomentan la interacción y el trabajo en equipo entre los estudiantes, promoviendo un ambiente donde todos pueden compartir ideas y aprender unos de otros. Este tipo de aprendizaje no solo enriquece la experiencia educativa, sino que también desarrolla habilidades sociales y de comunicación esenciales para el futuro. Al colaborar, los estudiantes pueden abordar problemas desde diferentes perspectivas, lo que les ayuda a construir un conocimiento más profundo y significativo. Esta metodología no solo mejora el compromiso, sino que también desarrolla habilidades como el pensamiento crítico, la resolución de problemas y la colaboración y fomenta que el proceso educativo sea más dinámico y motivador.

El enfoque de co-creación se está integrando en el ámbito educativo, donde se anima a los estudiantes a participar activamente en su propio proceso de aprendizaje.

CULTURA ABIERTA

Basada en la idea de que el conocimiento y la creatividad deben ser accesibles para todos, gracias a un enfoque que promueve la libre circulación de ideas, conocimientos y recursos culturales. Este concepto abarca diversas áreas, como la educación, el arte, la ciencia y la tecnología, y se basa en la creencia de que el acceso abierto a la información enriquece a la sociedad en su conjunto.

En la Cultura Abierta, se fomenta la colaboración y el intercambio, permitiendo que las personas compartan sus creaciones y aprendan unas de otras sin las barreras que a menudo imponen los derechos de autor y las restricciones comerciales. Esto puede incluir desde la música y el cine hasta la investigación académica y el software.

Además, la Cultura Abierta se apoya en licencias que permiten a los creadores decidir cómo quieren que se utilicen sus obras, como las licencias *Creative Commons*. De esta manera, se busca equilibrar el reconocimiento del autor con la posibilidad de que otros puedan construir sobre su trabajo.

Así la Cultura Abierta es un movimiento que celebra la creatividad y la colaboración, promoviendo un acceso más equitativo a la cultura y el conocimiento. Es una forma de conectar a las personas y fomentar la innovación.

Crowdsourcing

Este modelo permite a las empresas y organizaciones aprovechar la inteligencia colectiva de un grupo amplio de personas para resolver problemas o generar ideas. Plataformas como *Kickstarter* han revolucionado la forma en que se financian y desarrollan proyectos creativos. El *crowdsourcing* es un concepto interesante que se refiere a la práctica de obtener ideas, servicios o contenido a través de la colaboración de un gran grupo de personas, generalmente a través de plataformas en línea. En lugar de depender de un equipo interno o de expertos, las organizaciones pueden aprovechar la creatividad y el conocimiento colectivo de la comunidad.

Este enfoque se utiliza en una variedad de campos, desde la investigación y el desarrollo de productos hasta la resolución de problemas y la creación de contenido en todos los sectores.

Una de las grandes ventajas del *crowdsourcing* es que permite acceder a una diversidad de perspectivas y habilidades que de otro modo no existirían. Además, puede ser una forma más económica de obtener soluciones y fomentar la participación de la comunidad.

Sin embargo, también presenta desafíos, como la necesidad de gestionar la calidad de las contribuciones y asegurarse de que se reconozca adecuadamente a los colaboradores. A pesar de estos retos, el *crowdsourcing* sigue siendo una herramienta poderosa que puede impulsar la innovación y la colaboración en muchos ámbitos. Es un ejemplo perfecto de cómo la tecnología puede unir a las personas para lograr objetivos comunes.

Cultura Maker

La *Cultura Maker* es un movimiento que promueve la creatividad, la innovación y el aprendizaje práctico. Se basa en la idea de que cualquier persona puede ser un creador, no solo un consumidor. Este movimiento abarca una amplia gama de actividades, desde la fabricación de objetos físicos con herramientas como impresoras 3D y cortadoras láser, hasta la programación de software y la creación de proyectos de electrónica.

En la *Cultura Maker*, se fomenta la colaboración y el intercambio de conocimientos. Los *makers* suelen reunirse en espacios comunitarios conocidos como *makerspaces* o *fab labs*, donde pueden compartir recursos, ideas y habilidades. Esto no solo promueve la creatividad, sino que también ayuda a construir comunidades más fuertes y conectadas.

Además, la *Cultura Maker* está muy alineada con la educación actual, ya que promueve el aprendizaje basado en proyectos y la resolución de problemas. El aprendizaje basado en proyectos es una metodología que promueve la colaboración entre estudiantes para abordar problemas del mundo real. A través de este enfoque, los estudiantes no solo adquieren conocimientos teóricos, sino que también desarrollan habilidades prácticas y colaborativas. Los estudiantes pueden aprender de manera práctica y experimentar con la tecnología, lo que les permite desarrollar habilidades valiosas para el futuro.

Por tanto, la *Cultura Maker* es un movimiento inclusivo y dinámico que empodera a las personas para que se conviertan en creadores y no solo en consumidores, fomentando la innovación y el aprendizaje colaborativo. Pudiéndose definir como un espacio interesante donde las ideas pueden cobrar vida.

DESAFÍOS DE LA INNOVACIÓN COMPARTIDA

A pesar de sus beneficios, la innovación compartida y la co-creación no están exentas de desafíos. Algunos de los obstáculos más comunes incluyen:

Gestión de Conflictos

La inclusión de diversas voces puede dar lugar a conflictos de intereses y opiniones. Es fundamental establecer mecanismos efectivos de comunicación y resolución de conflictos para garantizar que todas las partes se sientan escuchadas y valoradas.

Equidad en la Participación

No todos los participantes tienen las mismas oportunidades para contribuir. Es importante diseñar procesos que fomenten la equidad en la participación, asegurando que las voces más silenciosas también sean escuchadas.

Propiedad Intelectual

La co-creación a menudo plantea preguntas sobre la propiedad intelectual. Es esencial establecer acuerdos claros sobre la propiedad de las ideas y resultados generados a través de la colaboración.

Así vemos como los diversos desafíos a los que se enfrentan pueden obstaculizar su efectividad, siendo uno de los principales retos la alineación de intereses entre los diferentes actores involucrados, ya que cada parte puede tener objetivos y expectativas distintas en los que la gestión del conocimiento se vuelve crucial. En esta situación, la comunicación efectiva y la construcción de confianza son esenciales para superar barreras y fomentar un entorno propicio para la co-creación de soluciones innovadoras.

CONCLUSIONES

La innovación colaborativa y la co-creación representan un cambio de paradigma en nuestra comprensión de la creatividad y el desarrollo cultural. Al integrar diversas perspectivas en el proceso creativo, se generan soluciones más efectivas y pertinentes, además de fortalecer el tejido social y cultural de nuestras comunidades.

Es fundamental que organizaciones, artistas y ciudadanos sigan explorando y adoptando enfoques cooperativos. La cultura no es estática; es un organismo dinámico que se alimenta de la interacción y el intercambio, impulsando el progreso y fomentando un futuro más inclusivo y diverso. En este camino, todos somos co-creadores de esta rica travesía cultural que nos une.

Estos modelos están redefiniendo el panorama cultural y empresarial actual. No solo estimulan la creatividad, sino que también fortalecen las comunidades al incluir diferentes voces en el proceso de creación. A medida que avanzamos hacia un futuro cada vez más interconectado es crucial seguir promoviendo estas formas de colaboración.

La capacidad de innovar en conjunto nos permitirá enfrentar los desafíos más apremiantes de nuestra época, desde la sostenibilidad hasta la inclusión social. Cada uno de nosotros puede ser un co-creador en su comunidad, contribuyendo con ideas y colaborando en la construcción de un mundo más equitativo y enriquecedor.

Es esencial que las organizaciones, artistas y ciudadanos continúen explorando y adoptando estos enfoques colaborativos, promoviendo la creación conjunta

y abriendo nuevas vías para la expresión y el entendimiento mutuo. Es un fenómeno que, sin duda, seguirá
evolucionando y moldeando nuestro mundo.

REFERENCIAS

Procter & Gamble. *Connect + Develop.* [sitio web de P&G]

Buck, T. (2020). *Crowdsourcing: A Guide to Effective Participation.* Routledge.

Kahn, J. (2018). *The Collaborative Economy: The Future of Business.* Harvard Business Review Press.

El futuro digital. Oportunidades para la cultura en la era de la digitalización

HENAR LEÓN BARROSO

INTRODUCCIÓN: LA TRANSFORMACIÓN DIGITAL NATURAL DE LA CULTURA

Hace algunos años leí en el antiguo *Twitter* un hilo del periodista Carlos Matallanas. En él, respondía a las quejas por los todavía no tan habituales móviles grabando en los conciertos, explicando su caso. Carlos estaba diagnosticado con ELA. El progreso de su enfermedad le impedía ya ir a conciertos en persona. Entonces, el grupo de amigos con los que siempre había ido a ver a Quique González, se turnaron para emitir desde sus móviles un concierto al que, en otras circunstancias, habrían ido juntos. No solo para que lo viera y oyera sino para seguir disfrutándolo en compañía. Es una historia inspiradora. La capa digital no trata de sustituir la experiencia física, sino de ampliarla. Al digitalizar, aumenta la audiencia potencial, se puede llegar a zonas donde, de otra forma, no se llegaría, se contribuye a democratizar la cultura y, sobre todo, se facilita la accesibilidad. La tecnología proporciona herramientas para potenciar las capacidades de la cultura al tiempo que permite reflexionar sobre el contenido, producto, servicio o acción cultural para difuminar sus fronteras y tratar de llevarlo más lejos.

Esto no es nuevo. La tecnología y la cultura siempre han caminado de la mano y el futuro digital ofrece cada vez más oportunidades a toda la cadena de valor de las industrias creativas y culturales: productos, servicios, capacitación de los profesionales, distribución y audiencias, accesibilidad, consumo, analítica, monetización y, lo más importante, también en creatividad, cooperación con la tecnología y en búsqueda de nuevas formas de expresión artística.

Incorporar tecnologías emergentes al sector cultural tiene tres reglas básicas:

- Una actitud de escucha permanente. Analizar tendencias tecnológicas e investigar sobre las nuevas tecnologías o dispositivos ayuda a entender la mejor forma de adoptar determinada tecnología a nuestro sector creativo. Es imposible ser especialista en todas las tecnologías que surgen, pero es aconsejable mantener una actitud de curiosidad constante hacia el entorno digital.
- Entender las capacidades narrativas o creativas que tiene cada herramienta tecnológica y buscar la forma de utilizarla para ir más allá en el proceso de creación, en el diseño de productos o servicios culturales, en la gestión o en el relato. No es necesario saber programar o ensamblar pero sí entender cómo funciona cada herramienta tecnológica,

entender sus capacidades y sus límites, su posible evolución y, también, qué impactos negativos puede tener (éticos, sociales, medioambientales, laborales, etc.).

- Analizar si realmente es necesario incorporar una tecnología, si va a tener sentido en nuestro proyecto o servicio, si va a suponer o no una barrera de entrada a nuestro público o usuarios, si va a hacer que el presupuesto se dispare y si realmente la adopción de esa tecnología en ese momento aporta valor.

Enumerar y describir las tecnologías presentes o emergentes que tienen o tendrán impacto en la cultura sería limitante y se correría el riesgo de que este texto quedara desactualizado antes de ver la luz. Lo que a continuación se expone son algunos ejemplos de cómo la fusión de tecnología y cultura ha ido un paso más allá que la suma de las partes, con el fin de inspirar, alimentar la curiosidad y ampliar la mirada.

INTELIGENCIA ARTIFICIAL

La inteligencia artificial en general y la inteligencia artificial generativa en particular están copando muchos titulares desde hace dos años. El titular puede variar de la tremenda disrupción que la IA va a tener en el ámbito cultural a que nada de lo que hace la IA va a tener ningún impacto en cultura. O desde que va a acabar con muchos empleos, a que es una herramienta tremendamente eficaz para hacer mejor el trabajo y hacer más eficientes los procesos. Aún es pronto para poder responder a ninguna de esas cuestiones con certeza y, aunque los debates éticos y humanistas son imprescindibles y deberían situarse en el centro del debate de la IA, ese tema queda fuera del alcance de este capítulo.

¿Puede bailar la inteligencia artificial? El *Instituto Stocos* es una compañía de danza «centrada en el análisis y el desarrollo de la interacción entre el gesto corporal, el sonido y la imaginería visual» (*Instituto Stocos*, 2024) . Investigan para incorporar inteligencia artificial en sus trabajos escénicos con el objetivo de profundizar en el conocimiento de la creatividad asociada al cuerpo mediante formas de IA (La Casa Encendida, 2024). Con 12 obras en su catálogo, este proyecto tiene también un área de investigación y difusión de su metodología y de los resultados de sus trabajos escénicos.

Los *chatbot* conversacionales se entrenan con grandes cantidades de datos. ¿Y si esos datos estuviesen asociados a catálogos literarios? Hay numerosos *chatbot* conversacionales en el mundo del libro (1MillionBot, 2024). *DulcineIA* (1MillionBot, 2024) es un chatbot conversacional diseñado para ayudar a leer la primera parte del Quijote. *Dante AI* (DeepAI, 2024) permite interactuar con los personajes de *La Divina Comedia* o con el autor, Dante Alighieri.

Frankenstein AI: A Monster Made by Many (Frankenstein AI, 2024) es un proyecto de investigación iniciado en 2018 que desafía las narrativas distópicas en torno a la inteligencia artificial y busca provocar y ampliar la conversación sobre la trayectoria de esta tecnología. Frankenstein AI es una red de proyectos en torno a una narrativa central con extensiones online y offline en diversos canales que abarcan desde el teatro inmersivo a webs interactivas, diseño colaborativo, *performances*, etc.

La obra de arte generativa *Chroma* del artista Daniel Canogar está en constante cambio. Es una obra que se «pinta» a sí misma constantemente a partir de un software diseñado expresamente para ello. «La paleta de la obra de arte presenta numerosos conjuntos de colores que aparecen en la pantalla en un momento dado, generando un diálogo entre la pintura y el píxel» (Canogar, 2024). Daniel Canogar ha incorporado la inteligencia artificial en su proceso creativo, partiendo desde lo tecnológico y la comprensión profunda de cómo funciona y cómo se programa la inteligencia artificial y entretejiendo esos conocimientos con su *background* artístico.

VIDEOJUEGOS Y REALIDADES HÍBRIDAS

Desde 2018 el Ministerio de Cultura se ha posicionado a favor de reconocer a los videojuegos como «Industria Creativa y Cultural» (eldiario.es, 2018). Actualmente ya es así y eso implica, entre otras cosas, que la Biblioteca Nacional (Biblioteca Nacional de España, 2024) sea la encargada de custodiar y conservar al menos una copia digital de los videojuegos hechos en España, o que se incluya la posibilidad de comprar videojuegos en el Bono Cultural. En noviembre de 2023, el Consejo Europeo, a iniciativa española, adoptó una serie de conclusiones para reforzar la dimensión cultural y creativa del sector de los videojuegos en Europa (Consejo de la Unión Europea, 2023). Pero antes del reconocimiento institucional ya hubo museos que habían encontrado en los videojuegos el aliado perfecto para llegar a nuevas audiencias.

Para incorporar videojuegos al relato no es necesario desarrollar videojuegos desde cero: se pueden utilizar plataformas ya existentes. El Museo del Prado, entre otros, tiene presencia en el videojuego *Animal Crossing. New Horizons'*. Los jugadores pueden recorrer 5 itinerarios temáticos con algunas de las obras más emblemáticas del museo o pasear por la Quinta del Sordo para adentrarse en las pinturas negras de Goya (Museo del Prado, 2024).

El videojuego *Nubla* está inspirado en el Museo Thyssen-Bornemisza (Museo Thyssen, 2024). Además de ser un videojuego diseñado para videoconsola que tiene ya segunda parte, es un proyecto educativo y colaborativo en el que han participado un grupo multidisciplinar de jóvenes y el equipo educativo del Museo, junto a la empresa desarrolladora de videojuegos *Gammera Nest* y *PlayStation*. *Nubla* no se desarrolla en el Thyssen: está inspirado en él y su narrativa bebe del propio museo.

En 2023 el MoMA presentó la exposición temporal *Never Alone. Video Games and Other Interactive Design* (Museo de Arte Moderno (MoMA), 2024) para resaltar la importancia del diseño interactivo como herramienta que conecta lo digital y lo humano. En esta exposición mostró parte de su catálogo de videojuegos.

La cultura puede y debe vivir también en los entornos digitales o metaversos. Si las tendencias se confirman (*World Economic Forum*, 2024), cada vez tendrán más peso sociológico las identidades digitales y la vida que los avatares hagan en los mundos digitales será una extensión de nuestra propia vida. Ahora es el momento idóneo para definir cuál queremos que sea la presencia de la cultura en los entornos digitales. En el episodio Paula Strunden: Touching, Licking and Tasting the Virtual' del podcast 'The Culture & Technology Podcast' (Vienna Business Agency, 2024) plantean si la representación de los museos en los entornos virtuales tiene que ser idéntica a los museos físicos, cuestionando si es necesario que los cuadros estén en paredes (digitales) e, incluso, si es necesario que haya paredes.

Haciendo el camino inverso y llevando lo inmersivo al entorno físico, hemos asistido en los últimos años a un gran *boom* de experiencias culturales inmersivas, con un foco especial en las exposiciones inmersivas. Pero más allá del apogeo de estos eventos experienciales, hay profesionales que llevan tiempo explorando la inmersión como propuesta artística. *TeamLab* (fundado en 2001) es un colectivo internacional de artistas que investigan sobre la confluencia del arte, la ciencia, la tecnología y la naturaleza, trascendiendo los límites de nuestra percepción del mundo (TeamLab, 2024). Fueron pioneros en proponer instalaciones inmersivas concebidas, desde su conceptualización y hasta el último de los detalles, para ser experiencias artísticas inmersivas, tanto en espacios cerrados como en espacios abiertos.

Teatros del Canal, en Madrid, programó en 2019 *Situation Rooms* (Rimini Protokoll, 2018), una videoinstalación interactiva que podía interpretarse como una pieza de teatro inmersivo e interactivo. El teatro inmersivo recupera algo que es vertebral en los videojuegos: es el espectador el que decide qué hace a partir de los distintos elementos interactivos propuestos, convirtiéndose en co-guionista de la experiencia inmersiva. En *Situation Rooms*, los espectadores usaban *tablets* para poder participar, interactuar y seguir la trama.

La realidad aumentada puede mostrar los colores de la Acrópolis original, puede guiar en visitas arqueológicas, autocompletando en la pantalla lo que el tiempo ha erosionado, puede colocar personajes en escenarios o escenas, reconstruir edificios o añadir capas de información sobre libros o textos. El British Museum, por ejemplo, ha incorporado a su catálogo de visitas guiadas los *Tablet Tours* (British Museum, 2024), que permiten a los visitantes interactuar usando realidad aumentada con algunas de las piezas exhibidas en el museo, como algunos objetos del Partenón, un lugar de enterramiento anglosajón o el Imperio romano. Otro ejemplo es *Landscapes Reimagined App* (Tate, 2024), una aplicación de realidad aumentada del Tate Modern Museum de Londres que permite a los usuarios interactuar y crear piezas en realidad aumentada a partir de algunas obras de la colección del Tate y del museo de Shanghai.

EL *CROWDSOURCING* Y LA CIENCIA CIUDADANA

El British Museum tenía un problema: sus fichas de hallazgos arqueológicos sobre la Edad de Bronce se almacenaban en cajas en el sótano. Si un investigador quería obtener información sobre alguna de las excavaciones o piezas a las que hacían referencia, tenía que desplazarse hasta el museo, armarse de paciencia y buscar. Con la tecnología disponible en 2015, el escaneado de las fichas permitía obtener una imagen de las mismas, pero no saber qué ponía en los textos ya que, entre otras cuestiones, las fichas estaban escritas a mano por autores diferentes de diferentes épocas: algunos usaban lápiz, otros pluma, algunos apuraban los renglones, otros escribían en los lados, otros tachaban y escribían por encima… Se habrían necesitado cientos de horas de trabajo para transcribir aquellas fichas, lo que podría haber llevado años, por tanto, decidieron acometer el proyecto de una forma innovadora: utilizarían una herramienta de *crowdsourcing* de código abierto y se pediría ayuda de voluntarios. Se creó un proyecto web donde se publicaron las fichas escaneadas (como imágenes). Con cada ficha, los voluntarios tenían que hacer tres cosas: transcribir los textos, recorrer con el ratón la figura dibujada de la pieza hallada y añadir la geolocalización de dónde se había producido el hallazgo. Cada ficha se mostraba a varias personas y, cuando las respuestas coincidían un porcentaje definido por el equipo del museo y la empresa desarrolladora del software, la tarea se daba por buena. Las tareas con menos consenso, pasaban a manos de los especialistas. Así, en pocos meses, el British Museum había digitalizado toda su colección de la Edad del Bronce añadiendo una capa de inteligencia: aquellas fichas ya bien digitalizadas habían permitido relacionar el conocimiento que hasta ese momento estaba en cajas con las bases de datos del museo, habían permitido conocer nuevos arqueólogos, completar expediciones, delimitar las zonas donde se habían producido los hallazgos… Y gracias al minucioso trabajo de repaso de los dibujos de las piezas que habían hecho los voluntarios, cualquiera se podía descargar desde la web del proyecto un archivo para imprimir en 3D esas piezas (MicroPasts, 2024).

La Biblioteca Nacional de España, pionera también en el uso del *crowdsourcing* y la ciencia ciudadana, tiene su propia «Comunidad BNE» (Comunidad BNE, 2024), una plataforma para el desarrollo de proyectos de trabajo colaborativo sobre su patrimonio digital. Uno de los proyectos completados al 100 % es *La querella de las mujeres: proyecto de transcripción del Jardín de nobles doncellas de Martín de Córdoba* donde las personas que colaboraron debían transcribir los textos mostrados. La tecnología que hay por detrás de estos proyectos de crowdsourcing se basa en estadística, lo que hace que el resultado final, aunque no es el mismo que el de un profesional, sí sea lo suficientemente válido.

PANTALLAS Y PLATAFORMAS

Durante el gran confinamiento global asociado al COVID-19, instituciones como el National Theatre, el

Royal Ballet y la Royal Opera House de Reino Unido emitieron algunos de sus títulos en *YouTube* (*Latimes*, 2020; *ClassicFM*, 2020). Aunque los títulos quedaban publicados en la plataforma y se podían ver en cualquier momento, cada miércoles, jueves o viernes se estrenaba vía *streaming* una obra de teatro, una ópera o un ballet. Durante el estreno se hacía una recaudación de fondos en la que participaba la ciudadanía llegada de casi cada rincón del planeta. Gracias al buen funcionamiento de esta iniciativa, se consolidó el *streaming* como opción para llegar a nuevas audiencias para este tipo de instituciones. Ahora, el National Theatre tiene una plataforma de *streaming* de pago que completa la ventana de proyección en cines donde también difunden sus contenidos y que no solo les permite una nueva vía de explotación económica de sus piezas, sino que cumple con la función de toda institución de sus características: difundir la cultura de su país por todos los rincones del planeta. Hay otras instituciones similares que también tienen una plataforma de *streaming* bajo suscripción (*My Opera Player*, en el caso del Teatro Real de Madrid).

Durante el confinamiento también pudimos asistir a conciertos en el Metaverso o en entornos de videojuegos, como el de Travis Scott en *Fortnite* (The Verge, 2020), hicimos visitas virtuales a museos, muchos artistas nos abrieron las puertas de sus casas, plataformas de difusión cultural como «Cultura Inquieta» crearon un formato de entrevistas en directo por redes sociales en el que conversaban con distintos artistas y profesionales de la cultura (Cultura Inquieta, 2024), se vivió una explosión de los *podcast* (El País, 2021), hubo eventos culturales que se celebraron *online* (como los Premios Quirino de Animación Iberoamericana (YouTube, 2020; Ministerio de Cultura y Deporte, 2020) y compañías teatrales como Jamming exploraron la improvisación interactiva en *streaming* (*YouTube*, 2020). La cultura no solo nos rescató sino que iteró para rescatarse a sí misma, experimentó con nuevos formatos y lenguajes y peleó por su supervivencia. Y los espectadores y espectadoras aprendimos, también, a disfrutar de los nuevos formatos, de la relación íntima y directa con los artistas, y comenzamos a consumir otros productos culturales: más videojuegos, más audiolibros y audio digital hablado, más series, más películas en plataformas… Y aunque ahora haya una vuelta masiva a lo presencial, la cultura en pantalla o auriculares sigue en nuestros hábitos de acceso y consumo.

LA ACCESIBILIDAD *BY DEFAULT*

Las mochilas vibratorias están diseñadas para que las personas sordas puedan sentir la música. En la Navidad de 2018 se hizo un test en Madrid (El País, 2018) y ya empiezan a convertirse en una pieza más dentro del esfuerzo que festivales de música y otros espectáculos de artes escénicas están haciendo para garantizar la accesibilidad. En el caso del festival *Primavera Sound*, las mochilas se suman al bucle magnético, a intérpretes de lengua de signos y al sistema de subtitulado para garantizar que las personas sordas puedan disfrutar de la experiencia (AudioPacks, 2022).

El experto en accesibilidad en artes escénicas David Ojeda (Iriarte Apilez, 2024) afirma que trasladar las artes circenses a audiodescripciones para que las personas con discapacidad visual puedan disfrutar del circo es un reto que va más allá de la mera transcripción, ya que es necesario traducir a palabras la emoción, la intensidad, la magia y el humor que se respiran en una pista de circo. El Teatro Circo Price de Madrid ofrece regularmente funciones accesibles para personas con discapacidad sensorial, cognitiva, orgánica y motriz. Y aunque hacer accesible la cultura en general y las artes escénicas en particular no es un mérito exclusivo de la tecnología, la comunión de lo no tecnológico con los rápidos avances tecnológicos en este área hacen que, cada vez más y mejor, la cultura esté a disposición de toda la ciudadanía.

CONCLUSIÓN

Adoptar la tecnología como hábito dentro del sector cultural no solo es beneficioso desde el lado más administrativo de la gestión cultural sino que también nos va a permitir repensar el hecho cultural y artístico, expandir fronteras, llegar a nuevas audiencias y encontrar nuevas vías de ingreso o financiación, por ejemplo, accediendo a ayudas del Estado o europeas dirigidas a proyectos de base tecnológica. Por otro lado, en un mundo donde algunas tecnologías emergentes presentan un problema potencial desde el punto de vista ético y humanístico, que el sector cultural tenga una voz autorizada y tractora en los desarrollos tecnológicos puede ayudar a que las tecnologías emergentes sean más *human-centric*.

BIBLIOGRAFÍA

AC/E. (2023). Anuario AC/E 2023 de Cultura Digital. Focus: *¿Viajan los contenidos culturales digitales en español?*

Cepeda, R. G., & Laprade, M. (Eds.). Museum Lab: When museums meet video games.

de Lapuerta, J. M., Gámez, B., & Madroñal, I. (2021). *La intervención en el patrimonio y el proyecto de accesibilidad.*

Eckart Voigts, R., Auer, R. M., Elflein, D., Kunas, S., Röhnert, J., & Seelinger, C. (Eds.). *Artificial intelligence-Intelligent art?*

Future Today Institute. (2024). Tech Trends Report. 17th Edition. Entertainment.

Future Today Institute. (2024). Tech Trends Report. 17th Edition. *Metaverse- New Realities.*

Marcus, G., & Davis, E. (2020): *Rebooting AI: building artificial intelligence we can trust.*

Nafis, F., Yahyasouy, A. y Aghoutane, B. (2021). Chatbots for Cultural Heritage: A Real Added Value. In Proceedings of the 2nd International Conference on Big Data, Modelling and Machine Learning (BML 2021), pages 502-506.

Newcastle University. (2023). *El estado de la creatividad: Políticas, investigación, industria.*

New European Media. (2019, April). AI in the media and creative industries (Version 1).

Predif. *¿Cómo organizar eventos culturales accesibles en teatros y museos?*

Ross, A. (2017). *The industries of the future.*

Strickler, Y. (2019). This could be our future. *A Manifesto for a More Generous World.*

Svenungsson, J. *Art intelligence: How generative AI relates to human art-making* (Vol. 73). Transcript.

US Federal Trade Commission (2023). *Generative artificial intelligence and the creative economy: Staff report, perspectives, and takeaways.*

Vienna Business Agency (2021). *The Culture and Technology Podcast.*

Warren, J. (2017). *Creating worlds: How to make immersive theatre.*

World Economic Forum (2024). *Metaverse Identity: Defining the Self in a Blended Reality.*

Referencias web:

1MillionBot. (2024). Chaboteca: Chatbots literarios y culturales. Recuperado el 29 de septiembre de 2024, de https://1millionbot.com/chaboteca-chatbots-literarios-y-culturales/

1MillionBot. (2024). Chatbot Dulcineia. Recuperado el 3 de septiembre de 2024, de https://1millionbot.com/chatbot-dulcineia/

AudioPacks. (2022). Mochilas Subpac en Primavera Sound. Recuperado el 3 de septiembre de 2024, de https://audiopacks.es/es/blog-audiosocial/2022/07/13/mochilas-subpac-primavera-sound/

Biblioteca Nacional de España. (2024). Videojuegos. Recuperado el 29 de septiembre de 2024, de https://www.bne.es/es/colecciones/videojuegos

British Museum. (2024). Tablet tours: Educational tours. Recuperado el 29 de septiembre de 2024, de https://www.britishmuseum.org/learn/schools/tablet-tours

Canogar, D. (2024). Chroma. Recuperado el 3 de septiembre de 2024, de https://www.danielcanogar.com/es/obra/Chroma

ClassicFM. (2020). Royal Opera House lanza ópera y ballet en línea. Recuperado el 3 de septiembre de 2024, de https://www.classicfm.com/music-news/coronavirus/royal-opera-house-launches-online-ballet-opera/

Comunidad BNE. (2024). Comunidad de la Biblioteca Nacional de España. Recuperado el 25 de septiembre de 2024, de https://comunidad.bne.es/

Consejo de la Unión Europea. (2023). El sector de los videojuegos: el Consejo protegerá su dimensión cultural y creativa. Recuperado el 29 de septiembre de 2024, de https://www.consilium.europa.eu/es/press/press-releases/2023/11/24/video-games-sector-council-to-protect-its-cultural-and-creative-dimension/

Cultura Inquieta. (2024). Jorge Drexler en concierto gratuito streaming. Recuperado el 24 de septiembre de 2024, de https://culturainquieta.com/musica/jorge-drexler-realizara-un-concierto-gratuito-en-streaming-el-domingo-5-de-julio/

DeepAI. (2024). Dante Alighieri. Recuperado el 29 de septiembre de 2024, de https://deepai.org/chat/dante-alighieri

Eldiario.es. (2018). El videojuego es cultura, o por qué ponerse a los mandos importa tanto como leer o ir al cine. Recuperado el 25 de septiembre de 2024. https://www.eldiario.es/cultura/videojuegos/video-juegos-cultura-jose-guirao-ministerio-de-cultura-y-deporte-gamescom_1_2756524.html

El País. (2021). La pandemia acelera la explosión del audio en español. Recuperado el 28 de septiembre de 2024, de https://elpais.com/television/2021-07-09/la-pandemia-acelera-la-explosion-del-audio-en-espanol.html

El País. (2018). Madrid y la cultura digital. Recuperado el 3 de septiembre de 2024, de https://elpais.com/ccaa/2018/12/18/madrid/1545150020_002947.html

Frankenstein AI (2024). Frankenstein AI: A monster made by many. Recuperado el 29 de septiembre de 2024. https://frankenstein.ai/

Instituto Stocos. (2024). La compañía. Recuperado el 3 de septiembre de 2024, de https://www.stocos.com/la-compania/

Iriarte Apilez. (2024). David Ojeda: Role member. Recuperado el 25 de septiembre de 2024, de https://iriarteapilez.com/role-member/david-ojeda/

La Casa Encendida. (2024). Re-embodied machine de Instituto Stocos. Recuperado el 29 de septiembre de 2024, de https://www.lacasaencendida.es/escenicas/re-embodied-machine-de-instituto-stocos

Latimes. (2020). National Theatre Live en YouTube. Recuperado el 23 de septiembre de 2024, de https://www.latimes.com/entertainment-arts/story/2020-03-26/national-theatre-live-youtube-free

MicroPasts. (2024). Bronze Age Index. Recuperado el 3 de septiembre de 2024, de https://bronze-age-index.micropasts.org/

MicroPasts. (2024). GitHub Bronze Age Index. Recuperado el 3 de septiembre de 2024, de https://github.com/MicroPasts/bronzeAgeIndex

Ministerio de Cultura y Deporte. (2020). Participación en los premios Quirino. Recuperado el 28 de septiembre de 2024, de https://www.cultura.gob.es/eu/cultura/areas/cine/contenedora-noticias/2020/junio/participacion-premios-quirino.html

Museo de Arte Moderno (MoMA). (2024). Exhibitions: Chroma. Recuperado el 29 de septiembre de 2024, de https://www.moma.org/calendar/exhibitions/5453

Museo del Prado. (2024). El Museo del Prado en Animal Crossing: New Horizons. Recuperado el 3 de septiembre de 2024, de https://www.museodelprado.es/actualidad/multimedia/el-museo-del-prado-en-animal-crossing-new/df96022c-fdab-b396-d568-998d6eef5282

Museo Thyssen. (2024). Nubla. Recuperado el 3 de septiembre de 2024, de https://www.educathyssen.org/nubla

Rimini Protokoll. (2018). Programa Rimini Protokoll. Recuperado el 29 de septiembre de 2024, de https://cdn.teatroscanal.com/wp-content/uploads/2018/06/programa-RIMINI-PROTOKOLL.pdf

Tate. (2024). Landscapes reimagined app. Recuperado el 29 de septiembre de 2024, de https://www.tate.org.uk/about-us/projects/landscapes-reimagined-app

TeamLab. (2024). Arte digital. Recuperado el 29 de septiembre de 2024, de https://www.teamlab.art/es/

The Verge. (2020). Travis Scott en Fortnite: El concierto Astronomical. Recuperado el 3 de septiembre de 2024, de https://www.theverge.com/2020/4/23/21233637/travis-scott-fortnite-concert-astronomical-live-report

Vienna Business Agency (2024). Podcast: Reimagining digital art (julio 2024) https://open.spotify.com/episode/5qGX4eqHHgOh8ejnN9MIog?si=6b9f779985574cfc

YouTube. (2020). Jamming Live 4 abril 2020 - Parte 4. Recuperado el 28 de septiembre de 2024, de https://www.youtube.com/watch?v=K3ETP2hDrmo

YouTube. (2020). Premios Quirino 2020. Recuperado el 28 de septiembre de 2024, de https://www.youtube.com/watch?v=RsgPV4AtLq0

Alianzas estratégicas. Construyendo puentes entre la cultura y otros sectores

Berta Roca

La cultura es un concepto tan cotidiano como profundo, cuya definición ha evolucionado con el tiempo, adoptando diferentes significados y enfoques según las corrientes filosóficas, los avances científicos y los contextos históricos y sociales.

En 1729, el primer diccionario de la Real Academia Española ofrecía tres acepciones de la palabra «cultura» que reflejan su riqueza conceptual: (1) «La labor del campo o el ejercicio en que se emplea el Labrador o Jardinero»; (2) «Metaphoricamente es el cuidado y aplicación para que alguna cosa se perfecione: como la enseñanza en un joven, para que pueda lucir su entendimiento»; (3) «Vale también lo mismo que Culto en el sentido de reverencia o adoración» (RAE. Diccionario de Autoridades-Tomo II, 1729).

Estas definiciones son solo el punto de partida para comprender la amplitud y riqueza del término. En sus orígenes etimológicos, la palabra cultura proviene del latín *colere*, que significa cultivar, cuidar o habitar. Para los romanos, y especialmente para Cicerón, la cultura era entendida como el cultivo del espíritu humano a través de la educación y la filosofía, un medio para enriquecer el alma.

Con el paso de los siglos, el concepto de cultura evoluciona, reflejando los cambios en las sociedades y las disciplinas que la han estudiado. Durante la Ilustración, la cultura se convirtió en sinónimo de progreso y civilización, marcando la diferencia entre lo culto y lo bárbaro. Sin embargo, con el auge de la antropología en el siglo XIX, el término amplió su alcance para abarcar todos los aspectos de la vida humana, desde las costumbres y creencias hasta las expresiones artísticas y los sistemas de valores compartidos. Edward B. Tylor, en su obra *Primitive Culture*, definió cultura como: «todo complejo que incluye el conocimiento, las creencias, el arte, la moral, el derecho, las costumbres y cualesquiera otros hábitos y capacidades adquiridos por el hombre en cuanto miembro de una sociedad» (Tylor, 1871). Así, la cultura dejaba de ser exclusiva de las élites y pasaba a ser vista como un sistema compartido de significados dentro de cualquier comunidad.

Ya en el siglo XX, teóricos como Clifford Geertz (1973) redefinieron cultura como «un sistema de símbolos y significados compartidos», subrayando su carácter dinámico, producto de las interacciones sociales y los contextos históricos. También, con los estudios poscoloniales y los movimientos de derechos civiles, el concepto de cultura se ha relacionado con la identidad colectiva y las formas de resistencia frente a la globalización y la dominación cultural.

En el discurso pronunciado por Federico García Lorca con motivo de la inauguración de la Biblioteca de Fuente Vaqueros, el escritor aboga por la cultura y la educación como derechos fundamentales para todos los seres humanos: «No solo de pan vive el hombre. Yo, si tuviera hambre y estuviera desvalido en la calle no pediría un pan; sino que pediría medio pan y un libro. Y yo ataco desde aquí violentamente a los que solamente hablan de reivindicaciones económicas sin nombrar jamás las reivindicaciones culturales que es lo que los pueblos piden a gritos. Bien está que todos los hombres coman, pero que todos los hombres sepan. Que gocen todos los frutos del espíritu humano porque lo contrario es convertirlos en máquinas al servicio del Estado, es convertirlos en esclavos de una terrible organización social» (Lorca, 1931).

En el ámbito internacional, la Conferencia Mundial sobre las Políticas Culturales organizada por la UNESCO planteó una definición compartida de cultura como «el conjunto de los rasgos distintivos, espirituales y materiales, intelectuales y afectivos que caracterizan a una sociedad o un grupo social. Ella engloba, además de las artes y las letras, los modos de vida, los derechos fundamentales al ser humano, los sistemas de valores, las tradiciones y las creencias» (UNESCO, 1982).

Y más recientemente, el catedrático Antonio Monegal ha presentado la cultura como un bien común, un espacio de resistencia y crítica que puede ayudarnos a enfrentar los retos actuales y construir un mundo mejor. Sostiene que la cultura no solo es una actividad intelectual o artística, sino una herramienta esencial para interpretar la realidad y actuar en ella de manera significativa. En su ensayo, *Como el aire que respiramos (El sentido de la cultura)*, el autor califica la cultura de «recurso vital, tanto como la educación, un bien de primera necesidad en el que se tiene que invertir porque no nos podemos permitir vivir sin ella» (Monegal, 2022).

Es importante reflexionar sobre qué entendemos por cultura, porque en un mundo interconectado y en constante cambio, la cultura se ha convertido en un puente esencial entre sectores que históricamente han operado de manera independiente. La cultura conecta, amplía horizontes y genera soluciones innovadoras para los desafíos globales.

Porque la cultura es, en sí misma, un concepto global. Es un sistema de creencias, usos y costumbres que define modelos e identidades, y, en la práctica, se constituye en uno de los termómetros más significativos de la salud moral y la solvencia de una comunidad. De hecho, muy a menudo se pone de relieve el modelo cultural de un país como exponente de su capacidad de generar bienestar colectivo y como expresión de un nivel educativo que genera proyección internacional. Es más, como consecuencia de ello, este modelo se constituye en una referencia que, en cierto modo, se equipara al valor de una marca. Aquellas sociedades que destacan por su nivel cultural constituyen una marca que, en el mundo, se valora como exponente de otras muchas referencias económicas, cívicas, educativas, políticas, etc., que dan «prestigio» a la sociedad que identifica esta marca.

A título de ejemplo, París no es un destino turístico exclusivamente, ni es el ejemplo de una gran capital financiera o económica; es, sobre todo, una referencia cultural que facilita y da mayor visibilidad a su importancia turística, financiera o económica.

De este modo, una política cultural no debe ser valorada ni estimulada únicamente desde la perspectiva de los propios razonamientos culturales sino por el impacto que esta política pueda tener para otros muchos sectores y actividades que van a beneficiarse del arraigo y solvencia de la expresión cultural de esta sociedad. Ser fuerte culturalmente facilita ser fuerte económicamente; la cultura genera bienestar artístico, intelectual, pero también económico. Y otorga al país o ciudad que atesore este patrimonio cultural, un valor que trasciende sus concretas manifestaciones para proyectarse a un nivel mucho más ambicioso de peso económico y social.

De aquí el título de este capítulo. Un modelo cultural requiere de alianzas estratégicas muy diversas. No tendría sentido limitar el apoyo a la cultura únicamente a aquellas entidades, instituciones o colectivos interesados exclusivamente en el hecho cultural. Hoy, un museo no es simplemente un espacio para albergar y exhibir arte; es un lugar que responde a las inquietudes y necesidades de su tiempo. Como tal, va más allá del interés de conservadores y creadores artísticos para convertirse en una institución relevante, que interesa a toda la sociedad. Porque es un acto de afirmación global. Y con ello, son muchos los que deben y pueden estar interesados en que esta concreta manifestación cultural exista, viva intensamente su función, sea considerada internacionalmente y puntúe a favor de la ciudad o del país en un orden mundial.

Así, las alianzas que respaldan una determinada política cultural amplían su alcance hacia contribuciones que pueden estar motivadas por el impacto que la marca genera en su propio sector, aunque esté alejado del hecho cultural concreto.

Objetivamente, esto encontraría ejemplos muy diversos que justifican esta reflexión. El hecho cultural tiene un impacto innegable para el sector vinculado al turismo de un país. Y lo tiene también en la captación de talento, puesto que la vida cultural de una ciudad, o de un país, puede constituirse en un elemento determinante para la decisión de un joven en el momento de aceptar una oferta laboral en la ciudad o país que le invite. Y así, podríamos ir añadiendo muchos otros ejemplos que relacionarán cultura y crecimiento económico, cultura y bienestar, cultura y clima convivencial, cultura y modernidad.

Por tanto, ya no se trata exclusivamente de plantear las aportaciones, donaciones y subvenciones al sector cultural como una forma de retornar a la sociedad aquello que la sociedad ha generado para determinadas empresas o entidades, en una expresión de su función social o como manifestación de una sensible responsabilidad social corporativa. Se trata de tejer alianzas estratégicas, más coordinadas y globales, intersectoriales, que desarrollen —en su conjunto— actividad cultural como generadora de activos que construyen e identifican una marca de referencia —país o ciudad— respetada y valorada en el ámbito internacional.

De hecho, con ello, se abren nuevas opciones de posible gran trascendencia. Por un lado, coordinar e integrar aportaciones diversas, que pueden estar atraídas por el objetivo global de la coordinación y que, en cambio, podrían ver como más distante su ayuda a una actividad en concreto. Se trata de globalizar la alianza; de integrarla de *inputs* diversos; de federalizar iniciativas culturales que, en su conjunto, definen una ambición de perímetro más amplio que puede resultar atractiva para estímulos particulares, que desde perspectivas más concretas pudieran sentirse no suficientemente motivados para participar.

Y, por otro lado, esta coordinación permite y amplía posibilidades de proyectos distintos que encuentran una razón común de ser, identificando una pluralidad de acciones, complementarias, en las que algunas de ellas pueden actuar como motor del proyecto común, pero habilitando así el apoyo a iniciativas más limitadas, que por sí solas encontrarían dificultades importantes para su sostenimiento económico. Y, de hecho, la experiencia demuestra que estas pequeñas iniciativas, difíciles de llevar a la práctica, muy a menudo se convierten en referencias de calidad contemporánea y creativa que los sectores más dinámicos de la cultura valoran muy positivamente.

De aquí, estas alianzas estratégicas. Alianzas como expresión muy concreta de una nueva colaboración público-privada, en este caso, en el campo de la cultura. No tiene ningún sentido que actualmente la colaboración público-privada quede limitada a determinadas actividades, excluyendo al sector cultural. Ni tiene ningún sentido que, en el ámbito cultural, estas actividades culturales se asocien exclusivamente a la práctica de mecenazgo. Las alianzas estratégicas son mucho más que el mecenazgo. Ciertamente lo integra, pero lo aplica en un objetivo mucho más amplio, al servicio de intereses generales de notoria trascendencia pública. A nadie extraña que se hable de políticas estratégicas en el campo de las telecomunicaciones, en el campo de las infraestructuras, en el campo de la energía... ¿Por qué no en el campo de la cultura?

Si queremos integrar la cultura en una estrategia de país, de ciudad o de barrio, es fundamental impulsar alianzas estratégicas, basadas en la colaboración público-privada. Las instituciones públicas y privadas deben colaborar activamente dentro de un marco común, uniendo esfuerzos para promover este sistema de creencias, usos y costumbres compartidos que beneficien a la sociedad en su conjunto.

Reconocer el valor de la cultura como motor de transformación y dotarla de propósito implica comprender su impacto en el desarrollo del espíritu crítico y su contribución a la construcción de un futuro más inclusivo y consciente. Es pues momento de definir políticas que tengan como objeto la cultura. Políticas y alianzas estratégicas. Porque la cultura no es un lujo reservado a algunos o una forma de entretenimiento. La cultura genera valor, construye identidad y define marca.

La internacionalización de la cultura en época de cambios

JOAN ÁLVAREZ y NATALIA ARMIJOS

INTRODUCCIÓN

Hace unos meses, el canciller alemán Olaf Scholz afirmó que habíamos entrado en un *zeitgeist,* un cambio de época. La expresión tuvo fortuna y la guardamos como un recurso para pensar.

Los cambios de época pertenecen a la misma familia de conceptos que el «espíritu del tiempo» o la «coyuntura histórica». Apuntan a un cambio profundo de la realidad, a un nuevo marco mental.

Coloca la cultura en un lugar preeminente: los valores con los que creamos cada sistema de creencias tienen sus raíces en la percepción del mundo y que lo extraemos de los libros, los mensajes de la comunicación, las películas, las series, la música y las artes plásticas.

El acceso a la información y a la creación a través de plataformas digitales refuerza el papel de esos marcos mentales influidos por los movimientos migratorios y el estado de la interculturalidad en cada coyuntura.

Entendemos cultura como un derecho, pero también como una industria, articulada por los sectores público y privado, que impulsa proyectos en busca del éxito en el mercado.

Suceda dentro o fuera de los mercados, la internacionalización cultural es un proceso en el que lo que somos, la identidad, se pone a la vista de los demás.

En este artículo, nos acercaremos a este proceso caracterizando las dinámicas que tienen las relaciones internacionales de la cultura española en la actualidad, al tiempo que señalamos rasgos del ADN, los desafíos, algunos déficits y las oportunidades.

EL ADN

La internacionalización de la cultura española ha tenido características propias en el contexto de las grandes culturas modernas europeas. El ADN de la internacionalización de la cultura española ha seguido una trayectoria tan peculiar como su historia nacional. Con momentos de enorme esplendor y con épocas de repliegue interior, de ensimismamiento.

Muy dependiente del patrocinio de la Corona y de la nobleza en los inicios de la Edad Moderna, a partir del siglo XVI, España vivió una época dorada y su cultura encontró una acogida muy positiva entre los púbicos, limitados, de las proto naciones europeas.

La rápida difusión de la primera edición de *El Quijote*, la admiración suscitada por la pintura del Siglo de Oro o el éxito de *El Cortesano* de Baltasar Gracián, prueban que España ha sido una de las fuentes de la cultura occidental. Una fuente especialmente rica por cuanto se alimentó desde muy temprano con el mestizaje y la fusión con las culturas de las comunidades originarias de América y con el criollismo que le siguió.

En el siglo xix, —con la primera globalización contemporánea—, la internacionalización de la cultura española experimentó dos crisis de calado que fueron también dos repliegues: la desconexión con las nuevas repúblicas de América Latina y el retraso en la adopción de las ideas, prácticas e instituciones surgidas de la Ilustración y la Revolución Industrial, y el Romanticismo nacionalista.

Con la entrada en el siglo xx, la internacionalización de la cultura española dio un salto de gigante. El brillo en el exterior de figuras como Carmen de Burgos, María Lejárraga, Vicente Blasco Ibáñez, Pablo Picasso, José Ortega y Gasset, Manuel de Falla, Imperio Argentina, Luis Buñuel o de géneros y formatos como el flamenco o la literatura modernista —compartida con las culturas latinoamericanas— tuvieron una gran repercusión internacional.

Por lo demás, el español encontró el reconocimiento que merecía como uno de los grandes idiomas internacionales con energía para crear una comunidad mundial —una raza, llegó a decirse—, y una cultura con perfil propio. Y en España se vivía la Edad de Plata.

La guerra, la postguerra, los largos años de aislamiento y, el pesado caminar a contracorriente del régimen franquista, abrieron un foso de separación con el resto del mundo. Una época que nos dejó en los márgenes de la gran transformación cultural de la posguerra en Europa, en América, y en países como Japón, Corea o Filipinas, sin olvidar también a Egipto, India o Irán. Costó mucho recuperar un lugar en el atlas de las culturas hasta la «normalización» de los años 70.

Con ese cóctel de grandes logros y grandes ausencias, la cultura española adopta plenamente los estándares homologados en el viaje internacional de las culturas durante los 80 y 90. Es el momento en que se consolida una identidad cultural española internacional con un pasado admirable, parcheado por momentos de extraterritorialidad, que se posiciona en la vanguardia cultural.

Últimos cuarenta años de logros espectaculares. La cultura española se ha consolidado en la Unión Europea como un actor clave en mercados, redes de colaboración y coproducciones.

Y se ha asentado como un nodo clave en las relaciones no solo entre Europa y América Latina sino también con una relación especial con las culturas de Estados Unidos (incluida la latina).

LOS DESAFÍOS

¿Qué desafíos trae el cambio de época?

Primero en el encuentro entre las culturas occidental y oriental. Impulsado por el avance de potencias como China, India y Japón marca un nuevo capítulo del mercado cultural mundial con profundas implicaciones para la industria cultural española y las industrias culturales del español donde se ha entrado tímidamente.

La rápida industrialización de esos países asiáticos ha dado origen a poderosas industrias culturales, destacando especialmente en los sectores del audiovisual, la música, la edición y las prácticas que incorporan innovación digital.

Entre las industrias que han venido para competir también con las industrias españolas, como ha quedado demostrado, es la música K-pop o las series con los productos turcos.

Por otra parte, el impacto del crecimiento económico de China ha supuesto una transformación radical en el mercado del arte, un ámbito profundamente ligado a la valorización y conservación del patrimonio cultural.

Un segundo desafío tiene que ver con la relación atlántica. Las relaciones con América Latina no se han detenido y, por el contrario, el puente cultural se ha reavivado y fortalecido. Por una parte, por los proyectos institucionales y empresariales que se promueven desde distintos espacios y mercados, pero sobre todo por la lengua común que atrae y facilita la movilidad de artistas y creadores.

En las últimas décadas, España ha visto un incremento en la llegada de artistas, creadores y gestores culturales latinoamericanos que buscan nuevas oportunidades para sus carreras o simplemente que han decidido residir en una nación que hoy por hoy ofrece mejores condiciones sociales, económicas o simplemente de seguridad.

Es un flujo migratorio que ha enriquecido profundamente la oferta artística en ciudades como Madrid y Barcelona, donde muchos de estos talentos encuentran en las instituciones culturales españolas una plataforma para proyectar sus obras a nivel internacional.

La afinidad lingüística y cultural facilita la integración de estos creadores, quienes, además de aportar sus perspectivas y técnicas, promueven un diálogo intercultural que fusiona tradiciones de América Latina con la vanguardia europea.

Nombres como los cineastas Claudia Llosa y Sebastián Lelio, o los escritores como Mónica Ojeda y Jorge Volpi, son ejemplos de figuras latinoamericanas que han encontrado en España un espacio para desarrollar y consolidar sus carreras, contribuyendo al dinamismo y la diversidad del panorama cultural español.

Un mestizaje cultural que facilita que la producción cultural en español acceda en mejores condiciones al mayor mercado cultural del mundo, los Estados Unidos, impulsada por el crecimiento de la comunidad hispanohablante.

El tercero tiene que ver con un sector crucial y en fase expansiva: el turismo cultural. El protagonismo de España en el mercado de los productos y servicios turísticos culturales crece de modo exponencial.

Inicialmente, ciudades como Madrid, Barcelona, Sevilla y Granada capturaban la atención gracias a su patrimonio histórico, artístico y arquitectónico, con atractivos como el Museo del Prado, la Alhambra y la Sagrada Familia.

Sin embargo, en los últimos años, el turismo cultural ha ampliado su oferta hacia destinos menos conocidos, potenciando rutas de peregrinación como el Camino de Santiago, monumentos y edificios a visitar, festivales de cine y música, y la promoción de experiencias gastronómicas ligadas a la tradición local.

El desarrollo de rutas culturales dedicadas a conocer de cerca los escenarios de rodaje de películas y series, así como los lugares que inspiran la ambientación de novelas, representa una de las innovaciones más significativas en el ámbito del turismo cultural.

Estas rutas no solo permiten a los viajeros sumergirse en las historias que han cautivado a millones, sino que también contribuyen a aumentar la visibilidad internacional de la cultura local.

Al atraer a turistas interesados en explorar de manera más profunda las conexiones entre la ficción y el entorno real, este tipo de iniciativas refuerzan el patrimonio cultural y fomentan un nuevo tipo de turismo experiencial, generando un impacto positivo tanto en el reconocimiento global de los destinos como en su economía.

La digitalización y la innovación en las experiencias turísticas también han jugado un papel clave, mejorando la accesibilidad a la rica herencia cultural española.

El cuarto gran desafío que enfrenta la industria creativa es la transformación impulsada por la digitalización y liderada por la Inteligencia Artificial (IA). Esta innovación no solo está revolucionando la gramática tradicional de la creación artística, sino también los formatos y procesos de producción en diversas disciplinas. La IA, al integrarse en el desarrollo de contenidos, ha dado lugar a nucvas formas dc narrativa, algoritmos crcativos y medios interactivos que redefinen lo que entendemos por creación cultural.

Finalmente, es obligado resaltar un quinto desafío: el futuro del idioma español en el contexto global. El crecimiento demográfico ha sido un factor determinante en la expansión del español y los expertos señalan que este impulso está llegando a un límite. A medida que las tasas de crecimiento poblacional se estabilizan, el idioma enfrentará la necesidad de encontrar nuevas vías para sostener y potenciar su presencia, especialmente en países como Estados Unidos, donde su influencia es significativa.

La extensión del español deberá apoyarse en sectores estratégicos como el comercio, la educación, la política y, de manera fundamental, la industria cultural. A través de la cultura, el español no solo se mantendrá relevante, sino que también podrá adaptarse y evolucionar en un mundo cada vez más interconectado.

LOS DÉFICITS

Son desafíos que piden una profunda actualización para ganar competitividad y éxito internacional. Una operación que pone velocidad a la superación de algunos de los déficits de nuestra industria cultural, estructurales y sobrevenidos.

La inversión. Uno de los más persistentes, antiguos y urgentes déficits en este campo es llegar a una mayor inversión de capital nacional. Existen áreas como la editorial, la música y una gran parte del audiovisual en las que muchas estrategias se piensan desde Londres, Nueva York, Miami, Los Ángeles, Milán o Berlín. La internacionalización depende muchas veces de qué mercados se priorizan. Tener empresas con potestad para pensar el mundo desde aquí, es otro de los desafíos del cambio de época.

Una mayor inversión nacional garantizaría la sostenibilidad de proyectos a largo plazo y generalizaría en todo el sector una visión mejor informada de los cambios y las necesidades de los mercados. Veríamos la realidad desde otro ángulo.

La alianza histórica entre el empresario y el capitalista con la cultura no tuvo en los años 1920, el mismo éxito que en otros países de nuestro entorno, como Francia, Gran Bretaña o Italia, y mucho menos en Estados Unidos.

A diferencia de estos países, donde el mecenazgo y la inversión privada impulsaron el desarrollo cultural, aquí no se logró establecer ese vínculo de manera efectiva.

Tampoco fue así en otra época de grandes movimientos de capital, como las décadas de 1950, 60 y 70, cuando la televisión, la música pop y el auge de la interculturalidad y los idiomas generaron un fuerte dinamismo en las industrias culturales.

Hoy en día, observamos un incremento significativo de inversiones en sectores como el turismo cultural, la moda y la gastronomía, que son áreas clave dentro de las industrias creativas.

La financiación cultural sigue enfrentando grandes obstáculos. Los bancos no especializados continúan percibiendo este tipo de inversión como de alto riesgo y, en consecuencia, imponen condiciones extremadamente exigentes o garantías desmesuradas para quienes desean apostar por proyectos culturales.

La administración. En la actualidad, la organización de la administración cultural es otro déficit. Tenemos un modelo basado en la Constitución de 1978 y, en los Estatutos de Autonomía sucesivos, que amenaza obsolescencia.

Desde los años 90 surge periódicamente el debate sobre la razón de ser del Ministerio de Cultura en un Estado de las Autonomías. Situaciones como las referidas a la administración de las industrias culturales —repartidas o diseminadas entre cuatro o cinco ministerios— no ayuda para nada.

El entramado del ecosistema cultural español es denso y vasto, pero carece de plataformas efectivas que promuevan un aprovechamiento conjunto de los mercados o que permitan una adaptación ágil de las leyes, reglamentos y políticas según los resultados de cada temporada o según el ciclo propio de cada actividad.

Aunque el sector cultural está bien estructurado, no existe una coordinación suficiente que ayude a una optimización del potencial de cada actividad cultural.

Ciertamente, los fondos de resiliencia europeos que han llegado a la cultura han creado dinámicas de interés, pero es muy grande la duda sobre cómo se van a mantener en marcha determinadas iniciativas cuando se agote el dinero europeo.

A diferencia de países como Estados Unidos, el Reino Unido, Francia, China, Japón, Corea o Alemania, en España aún no hemos logrado transformar nuestro mercado interno en un trampolín que impulse nuestros productos a nivel global.

Mientras que en estos países el mercado doméstico ha servido como base para proyectar con éxito sus industrias y creaciones en el escenario internacional, en España seguimos enfrentando desafíos para convertir nuestro potencial cultural y comercial en una plataforma de alcance mundial.

Es una cuestión en la que resulta fundamental la colaboración público-privada, y la coherencia y persistencia de la intervención pública. Una operación que requiere ir acompañada de un esfuerzo por cultivar un público orientado hacia los productos culturales de origen español o en español, un camino para ampliar y asegurar la demanda y consolidar la presencia del idioma y la cultura en el mercado global.

La conciencia y el orgullo. Un último déficit estructural reside en la falta de conciencia en torno a la industria cultural como un sector especializado y estratégico. La autoestima, el orgullo, por formar parte de una cultura, de un estilo de vida, no se hace de la mejor manera, para convertirlo en un impulso para la internacionalización. La ausencia de un tejido empresarial unido por una idea de sector y una institucionalidad cultural con muchos departamentos estancos, hacen ver que se necesitan mejoras en esta dirección.

En amplios sectores de la sociedad persiste la imagen negativa de que la industria cultural depende excesivamente de las subvenciones públicas, especialmente en el caso del cine, lo que refuerza la percepción de que no se genera un resultado tangible en términos de éxito, favor del público o «efectos colaterales» tan importantes como el bienestar o la salud mental.

Unos efectos de los que tuvimos una gran demostración, altruista por parte de muchos artistas, durante la pandemia.

LAS OPORTUNIDADES

Desafíos y déficits, pero también fortalezas y oportunidades. La relación atlántica. La cooperación entre España y América Latina debe centrarse en la creación y fortalecimiento de un espacio común que potencie el intercambio entre las industrias culturales y creativas. Esto requiere alianzas estratégicas que faciliten la movilidad de creadores, coproducciones y la distribución de contenidos, fomentando sectores como el audiovisual, las artes escénicas y la literatura. Además, la digitalización debe ser una prioridad, creando plataformas conjuntas que incrementen la presencia de producciones tanto en América Latina como en España.

La cooperación internacional que promueve la Agencia Española de Cooperación Internacional para el Desarrollo (AECID), ha aprobado un nuevo plan director (2024-2027) que prioriza regiones como África Occidental y el Sahel, lo que podría reducir aún más los recursos destinados a América Latina y en concreto al sector cultural. Por ello, es necesario fortalecer la cooperación cultural entre España y los países de América Latina partiendo de nuestra herencia común como son los lazos históricos y lingüísticos, se debería retomar los programas de movilidad e intercambio de artistas, creadores, gestores culturales y académicos. Facilitar residencias, becas y colaboraciones entre ambos lados del Atlántico. Impulsar y desarrollar nuevas plataformas conjuntas para la producción y difusión de proyectos culturales, como coproducciones cinematográficas, exposiciones itinerantes y festivales de arte.

En el ámbito institucional, la creación de acuerdos bilaterales entre gobiernos y ministerios de Cultura puede ayudar a coordinar esfuerzos en áreas como la preservación del patrimonio, la formación en nuevas competencias y la digitalización cultural.

Esta situación demanda una reflexión sobre cómo fortalecer la colaboración público-privada para maximizar los beneficios de la cooperación cultural a ambos lados del Atlántico.

El ascenso en el ranking europeo. La reindustrialización de Europa promovida por la visión de líderes como Mario Draghi, ofrece una oportunidad significativa para revitalizar la industria cultural española. Este proceso no solo implica el fortalecimiento de sectores tradicionales, sino que constituye una oportunidad para las industrias creativas con una visión vanguardista.

A medida que Europa busca reducir su dependencia de terceros países y recuperar su competitividad industrial, se abre un espacio para que España impulse su sector cultural, aprovechando las sinergias con la innovación tecnológica, la sostenibilidad y la digitalización. Esto podría posicionar a la cultura española no solo como un reflejo de su identidad, sino como una fuerza exportable con impacto internacional, contribuyendo al fortalecimiento de la marca España en el mundo y asegurando su protagonismo en el tejido cultural global.

La digitalización y expansión de plataformas digitales ofrece grandes oportunidades que están por explorar. Ciertamente los fondos europeos están ayudando a cerrar algunas brechas, pero hay que prever qué puede pasar cuando se acabe este ciclo de financiación extra.

España tiene el potencial de avanzar mucho más en comparación con otras naciones que están dando pasos importantes en este ámbito. La inteligencia artificial, si se regula y maneja de manera inteligente, se perfila como una oportunidad crucial para transformar la creación y distribución cultural.

Instituciones como la Real Academia y el Instituto Cervantes ya han comenzado a responder a este desafío, pero lo que realmente se necesita es una gran operación coordinada que involucre a empresas, profesionales y entidades públicas para garantizar que la cultura española entra en la vanguardia tecnológica.

El auge de las plataformas de *streaming* y otras herramientas digitales abren nuevas y emocionantes posibilidades para la distribución y promoción de contenidos culturales. Las plataformas pueden ampliar la proyección de la cultura española en el mundo, posicionándola como un referente innovador y competitivo. Pero es clave situar el centro productor de las estrategias en las coordenadas españolas. Con una estrategia conjunta y un uso idóneo de las nuevas tecnologías, España tiene la oportunidad de liderar el futuro digital de la cultura en español en la relación atlántica.

El mercado asiático ofrece un entorno dinámico y en evolución que presenta buenas oportunidades para el crecimiento y la proyección de la cultura española. El crecimiento económico del continente asiático ha venido acompañado por un aumento del consumo cultural. Las clases medias en países como China, India, Corea y otros mercados emergentes buscan cada vez más productos culturales, desde películas y música hasta moda y arte. Y no exclusivamente asiáticos.

Por otra parte, la globalización ha aumento las colaboraciones entre artistas y empresas de diferentes países asiáticos y de otras regiones del mundo. Alianzas que impulsan la creación de productos culturales con referencias híbridas que atraen a audiencias mucho más amplias.

En la última década, el mercado de arte en China se ha consolidado como uno de los más importantes a nivel mundial. Según un informe de Art Basel y UBS, «China representa alrededor del 20 % del mercado global de arte, impulsado por una creciente demanda de coleccionistas privados y un próspero sector de subastas». Además, la influencia de los artistas contemporáneos chinos ha aumentado considerablemente. Tal como señala un análisis de *The Art Newspaper*, «el interés por el arte chino contemporáneo ha sido clave en el auge del mercado, especialmente en ciudades como Beijing y Shanghai, que han emergido como centros culturales de renombre internacional».

La cultura española y la enseñanza del español sigue en crecimiento en países como China, Corea o Japón y entidades como el Instituto Cervantes han generado un campo fértil para la entrada de productos y servicios culturales a estos grandes mercados.

La colaboración público-privada. Las alianzas entre instituciones públicas y empresas privadas están facilitando la aparición de nuevos proyectos culturales, brindando apoyo financiero y otras veces estructural para garantizar la sostenibilidad a medio y largo plazo.

En este contexto, es posible mejorar el acceso a la financiación mediante la facilitación de créditos, subvenciones específicas e incentivos fiscales que atraigan mayor inversión. Además, resulta esencial fortalecer la formación y el reciclaje de profesionales, tanto nuevos como en activo, promoviendo la creación de centros de innovación y aceleradoras creativas que impulsen nuevos proyectos.

Hay que seguir estableciendo alianzas con organismos internacionales, creando redes de colaboración con otros países y participando activamente en ferias, festivales y mercados que visibilicen el talento español.

El patrimonio cultural y la autoestima. España cuenta con un patrimonio natural, artístico, histórico y cultural único, que sigue siendo un gran imán para atraer tanto a públicos nacionales como internacionales. Pero es importante resaltar la diversidad de las culturas autonómicas dentro de España, reconociendo y celebrando las distintas lenguas, referentes y públicos.

Y hacerlo con un doble mecanismo de reconocimiento de la diversidad como fuente de autoestima, con el respaldo de lo que es una gran herencia también desde el punto de vista de la presencia y el prestigio internacionales. Hay una gran oportunidad de incluir la cultura en los currículos escolares y fomentar el aprendizaje sobre los logros artísticos y científicos de figuras españolas.

Finalmente, necesitamos más programas y campañas que impulsen la cultura española, como la implementada por el proyecto «Talento a Bordo» que Iberia lanzó en el 2019, con el objetivo de apoyar el talento español y en español, y como cita uno de los pilares de su propósito de marca: conectar personas y culturas, generar prosperidad y, todo ello, con acento español.

Un programa que nos llena de orgullo por el talento que poseemos, de naturaleza intrínsecamente internacional y claramente exportable a los cuatro rincones del mundo.

Epílogo

Inmaculada Benito y Federico Buyolo

Cuando hablamos de cultura, como sustantivo, podemos acogernos a una infinidad de definiciones de intelectuales que a lo largo de la historia han puesto de relieve su carácter polisémico, sin embargo, la cultura es un verbo que nos incita a tomar partido y actuar. Hacer cultura es ser cultura. La cultura abre preguntas, ofrece un marco conceptual que permite lanzar ideas, proyectos, iniciativas para acrecentar los cambios y transformaciones sociales mediante el arte. La cultura es una acción colectiva, una mirada poliédrica que construye visiones corales de la sociedad. Construye mirando el pasado, asentada en ese acervo que a lo largo de la historia hemos ido atesorando como sociedad. Por ello, la cultura está viva, es pasado, es presente y sobre todo es futuro. Para crear cultura es necesario imaginarla, tener visión, mirar más allá de lo real, al igual que «la poesía es el desván del metaverso», en palabras de Joaquín Sabina, la cultura es el anhelo y las emociones de libertad de una sociedad que necesita de relatos ilusionantes.

La cultura posiblemente no tiene respuestas, pero tiene la capacidad de generar todas las preguntas necesarias que nos ayuden a emprender el camino del futuro sin perder los valores que hemos atesorado a lo largo de la historia y, de esta manera, hacernos cargo de la realidad en la que vivimos. La cultura es el principio, el instrumento y el fin.

Es el principio en la medida en que la cultura es un legado que recibimos, asumimos y acrecentamos. Es la base sobre la que innovamos desde el conocimiento ya adquirido y sobre las creaciones heredadas que nos permiten seguir siendo la vanguardia, todo gracias a la cultura.

El presente es tan solo un pacto entre el pasado y el futuro. Un camino de transición donde la cultura se convierte en el instrumento de las transformaciones y, porque no decirlo, de la belleza y la plasticidad. Ética y estética configura la simbiosis perfecta sobre la que desarrollar una acción cultural compartida y colectiva. Las industrias creativas y culturales configuran ese instrumento que permite la materialización de las ideas y la creación de riqueza económica, cultural y social.

Los relatos que creamos a través de la cultura (ideas, ética y estética) son la base sobre la que, no sólo imaginamos el futuro, sino que lo lideramos. Futuro que se asienta en una visión compartida donde la cultura común se convierte en la punta de lanza de las transformaciones. Cultura en estado puro, arte que nos pregunta, ética que nos construye y estética frente a una sociedad de la imagen vacua.

Frente a la incertidumbre, las distopías del caos o la retro utopía de cualquier tiempo pasado fue mejor, los creadores culturales nos emplazan a pensar más allá de la razón y a construir una sociedad del valor de la emoción y los valores de una humanidad que ha decidió vivir en comunidad.

El valor de la cultura camina de los simbólico a la creación, pero para que ello se produzca es necesario disponer de los recursos necesarios que hagan de la cultura un sector estratégico de primer orden. Para que se pueda crear cultura es imprescindible contar con infraestructuras culturales de creación y exhibición. Con condiciones laborales, no solo dignas, para el desarrollo de los creadores y creadores culturales. Con industrias culturales fuertes capaces de emprender proyectos ambiciones. Con capacidad para hacer de la innovación cultural un vector de avance permanente. Entendiendo el valor multiplicador de la cultura y las externalidades positivas que las industrias creativas y culturales generan en la economía.

La cadena de valor de la cultura es más que un ecosistema, es un visión de trabajo compartido, un principio inspirador de saber distribuido y objetivos comunes que nos emplaza a ser aquello que representamos ser. La cultura es colaboración, es compromiso, es diálogo, es gestionar el conflicto entre las confluencias y las discrepancias, es, en definitiva, un vínculo emocional entre todos aquellos que encuentran en el arte y la cultura una forma de expresión de las ideas.

La cultura es tanto colaboración y compromiso como trabajo e inspiración. La creación cultural no se genera por ciencia infusa, es el resultado de horas y horas de trabajo y dedicación. Es el fruto del diálogo interno y externo que abre nuevas conversaciones. Por eso, es crucial entender que los artistas y los creadores culturales son parte esencial de la sociedad, nos ayudan a transitar el presente y a imaginar un futuro mejor. La precariedad de los trabajadores y trabajadoras culturales no ayuda a la creación y, por lo tanto, no nos ayuda como sociedad. La vorágine del día a día nos impide parar el tiempo para pensar y crear. Trabajamos y transitamos por la vida laboral como el conejo blanco en el cuento de *Alicia en el País de las Maravillas* que no para de recordarnos con su «¡voy a llegar tarde!». El proceso creativo no es solo inspiración, es tanto trabajo y dedicación como pensamiento y reflexión.

Correr permanentemente sin disponer de tiempo para la reflexión llevará al sector cultural a quedarse en la superficie, a no profundizar en aquello que debemos afrontar frente a lo que verdaderamente necesitamos emprender. A los retos del presente se le unen los desafíos del futuro. El sector cultural es dinámico, ha sabido adaptarse a las innovaciones sociales, tecnológicas y económicas a lo largo de la historia, sin embargo, este no puede ser siempre el camino. La cultura ha de liderar los desafíos del futuro. La irrupción de las tecnologías generativas abre tanto nuevos oportunidades para el sector cultural y creativo como incrementa los retos de la precarización de los creadores.

El dilema del poder humano radica aquí, como somos capaces de pasar de las alucinaciones artificiales, a las que nos someten las nuevas tecnologías, a la creación colectiva como expresión a través del arte de las ideas de una sociedad que avanza desde el valor de las personas. Tenemos que ser capaces de aprovechar las potencialidades de la tecnología para acrecentar el valor de la cultura como imaginario colectivo. Crear cultura también es diseñar cómo habitamos lo digital desde la ética, la creatividad y la sociedad.

Las conexiones que es capaz de generar la cultura es un factor más para entender su poder como punto de encuentro y espacio de confluencia. La cultura sobrepasa al propio mundo cultural y genera alianzas improbables entre diferentes actores sociales y económicos. La cultura genera territorios de conexión entre instituciones, personas, valores e ideas, lugares donde construir desde diversas voces, diferentes planteamientos y visiones compartidas.

La cultura es diplomacia, es un poder blando de conflicto y solución, un lugar donde el arte se convierte en lenguaje de concordia entre diferentes sectores de la sociedad. Entender la cultura como instrumento de la diplomacia amplia los espacios para el diálogo y el consenso. Frente a los que consideran la diferencia como factor de identidad propia, la cultura genera puentes y pasarelas que nos ayudan a transitar desde nuestra identidad cultural construida a lo largo de nuestra vida a la empatía y el reconocimiento del mismo tránsito realizado por otros como nosotros mismos. La cultura es la diplomacia de la sociedad para la convivencia.

Podríamos concluir diciendo que es el momento de crear un nuevo pacto cultural, sería lo lógico y lo inteligente, pero debemos ir más allá. El objetivo fundamental de todo esto es comprender que la cultura, con todo lo que representa, es esencial en la construcción de la sociedad, y por ende, los creadores culturales y las industrias creativas y culturales son el instrumento esencial para crear cultura.

Crear cultura no es solo producir contenidos de entrenamiento, es generar condiciones de posibilidad para la imaginación, el pensamiento, los valores y las ideas de una sociedad que ha de fundamentar su desarrollo en la cultura como principio y fin esencial.

Crear cultura es comprender que sin infraestructuras para la creación y la exhibición, sin creadores a los que se reconozca su valor como parte esencial de la cultura y sin el reconocimiento de la cultura como instrumento de transformación, estamos perdiendo como sociedad.

Crear cultura se hace desde una política integral que entiende el poder y el valor de la cultura como sector económico y de progreso de una sociedad que aspira a vivir cada día mejor en un mundo ético y estético.

Crear cultura es lo más inteligente que podemos hacer como sociedad por su valor social, económico y de transformación. Crear cultura nos ayuda a crear sociedad.

El presente libro, por encomienda de la editorial Almuzara, se terminó de imprimir el 2 de junio de 2025. Tal día, de 1908, en Madrid, el poeta nicaragüense Rubén Darío presenta sus credenciales como embajador de su país.